대한민국의 시작은 임시 정부입니다

박도 글 | 김소희 그림 | 장세윤 감수

사계절

머리말

대한민국의 샘과 뿌리를 찾다

아시아 동쪽 끝 한반도에 자리 잡고 있는 우리 대한민국은 예로부터 산수가 매우 아름다운 '고요한 아침의 나라'였다. 지금으로부터 반만년 전, 단군이 이 땅에 '조선'이라는 나라를 세웠다.

이 아름다운 나라에 흰옷 입은 어진 백성들이 곳곳에 옹기종기 모여 살면서 찬란한 문화를 꽃피웠다. 또한 우리 백성들은 예의와 도덕을 높이 받들고 학문과 예술을 사랑하며 슬기롭고 꿋꿋하게 살아왔다.

오늘 대한민국이 반만년의 자랑스러운 역사와 문화, 그리고 높은 긍지를 가질 수 있는 것은 이처럼 훌륭한 조상들이 있었던 까닭이다. 우리 조상들은 그동안 숱한 외적의 침입에도 자신들의 목숨을 지푸라기처럼 버리면서 나라를 지켰다.

이렇게 자랑스러운 우리나라가 근세에 들어서는 바깥세상의 흐름을 모른 채 문 닫고 지내다가 1910년, 그만 일본에 나라를 송두리째 빼앗기고 말았다. 그러자 우리 할아버지, 할머니들은 괴나리봇짐을 메고서 나라 안팎을 떠돌며 온갖 고생을 하면서도 빼앗긴 나라를 되찾겠다고 꿋꿋하게 일본 제국주의와 맞서 싸웠다.

1919년 3·1 운동이 일어난 그해 4월 11일에는 마침내 중국 상하이에 대한민국 임시정부를 세운 뒤 갖은 어려움 속에서도 이를 굳건히 지켜 내 오늘날 대한민국의 주춧돌을 놓았다.

우리가 물이라면 새암(샘)이 있고
우리가 나무라면 뿌리가 있다

「개천절 노래」의 첫 소절이다. 물과 나무가 그렇듯이, 우리에게는 아버지, 어머니, 할아버지, 할머니, 곧 조상이 있다. 우리는 조상들의 삶과 역사를 앎으로써 오늘의 우리 삶을 더욱 사랑할 수 있고, 내일의 삶도 짐작할 수 있으며, 또한 다음 세대에 자랑스러운 조국을 물려줄 수 있다.

이 책을 통해 우리 조상들의 피 어린 발자취를 더듬으며, 자라나는 세대들이 우리나라 대한민국의 샘과 뿌리인 근본을 바로 알기를 바란다. 그리하여 대한민국의 시작은 임시 정부였음을 가슴속에 아로새기자. 자랑스러운 대한민국의 앞날에 무궁한 영광을 위하여!

차례

머리말 대한민국의 샘과 뿌리를 찾다   002

00   사진으로 만나는 대한민국 임시 정부   006

01   임시 정부 이전의 역사

1. 끝내 일본에 나라를 빼앗기다   028
2. 민족 대폭발, 3·1 운동이 일어나다   031

02   대한민국 임시 정부 이야기

1. 대한민국 임시 정부가 태어나다   040
2. 대한민국 임시 정부가 움직이다   050
   - ◎ 상하이에서 활동을 시작하다 (1919~1932년)   050
     - ·연통제·교통국을 세워 국내외와 연계하다   051
     - ·무력 투쟁을 준비하고 시작하다   055
     - ·비밀 결사 단체와 연계 및 언론·교육 활동   065
     - ·임시 정부의 조직 개편과 김구의 등장   071
     - ·한인 애국단   076

◎ 고난의 대장정을 떠나다 (1932~1940년)	088
·임시 정부, 상하이를 떠나 떠돌다	088
·조선 의용대	098
·충칭에 정착해 한국광복군을 결성하다	099
·좌우 합작 임시 정부를 구성하다	101
◎ 충칭에서 대일 항쟁을 준비하다 (1940~1945년)	102
·삼균주의로 나라의 기틀을 잡다	102
·일본과 독일에 선전 포고를 하다	104
·카이로 선언에서 한국의 독립을 보장받다	105

03 해방과 대한민국 임시 정부의 귀국

1. 일제의 항복	114
2. 대한민국 임시 정부의 귀국	121

작가의 말 우리에겐 하나의 대한민국을 만들 권리와 의무가 있다	134
참고 도서	135

00

사진으로 만나는
대한민국 임시 정부

대한민국 임시 정부 수립의 도화선, 3·1 운동

3·1 운동은 대한민국 임시 정부 탄생의 가장 큰 계기가 되었다.

3·1 운동 당시 모습

중국 상하이의 대한민국 임시 정부 임시 청사

대한민국 임시 정부 수립

1919년 4월 11일 중국 상하이에 대한민국 임시 정부가 수립되었다.

당시 상하이 와이탄의 모습
대한민국 임시 정부는 상하이에 세워졌다. 조선인들이 많이 살고 있고, 우리나라 국경과 가까웠던 중국 만주나 러시아 연해주가 아니라 상하이에 임시 정부가 세워진 이유는 무엇일까? 그 이유는 청일 전쟁과 러일 전쟁에서 이긴 일본이 만주와 연해주에 영사관을 설치하고 경찰 관서를 설치하는 등 그곳에서 일본의 기세가 등등했기 때문이다.

상하이는 1800년대부터 상업 도시로 이름을 떨쳤고, 바다와 인접해 교통이 편리했다. 또한 1840년대에 프랑스의 주권이 행사되는 조계지였기 때문에 일본의 영향력이 미치지 않아 자유롭게 임시 정부 활동을 할 수 있는 곳이었다. 프랑스 조계지에서 임시 정부 장소를 마련하는 데 도움을 주기도 했다.

「대한민국 임시 헌장」

대한민국 임시 정부는 수립과 함께 우리나라의 첫 헌법인 「대한민국 임시 헌장」을 제정해 국민들에게 널리 알렸다.

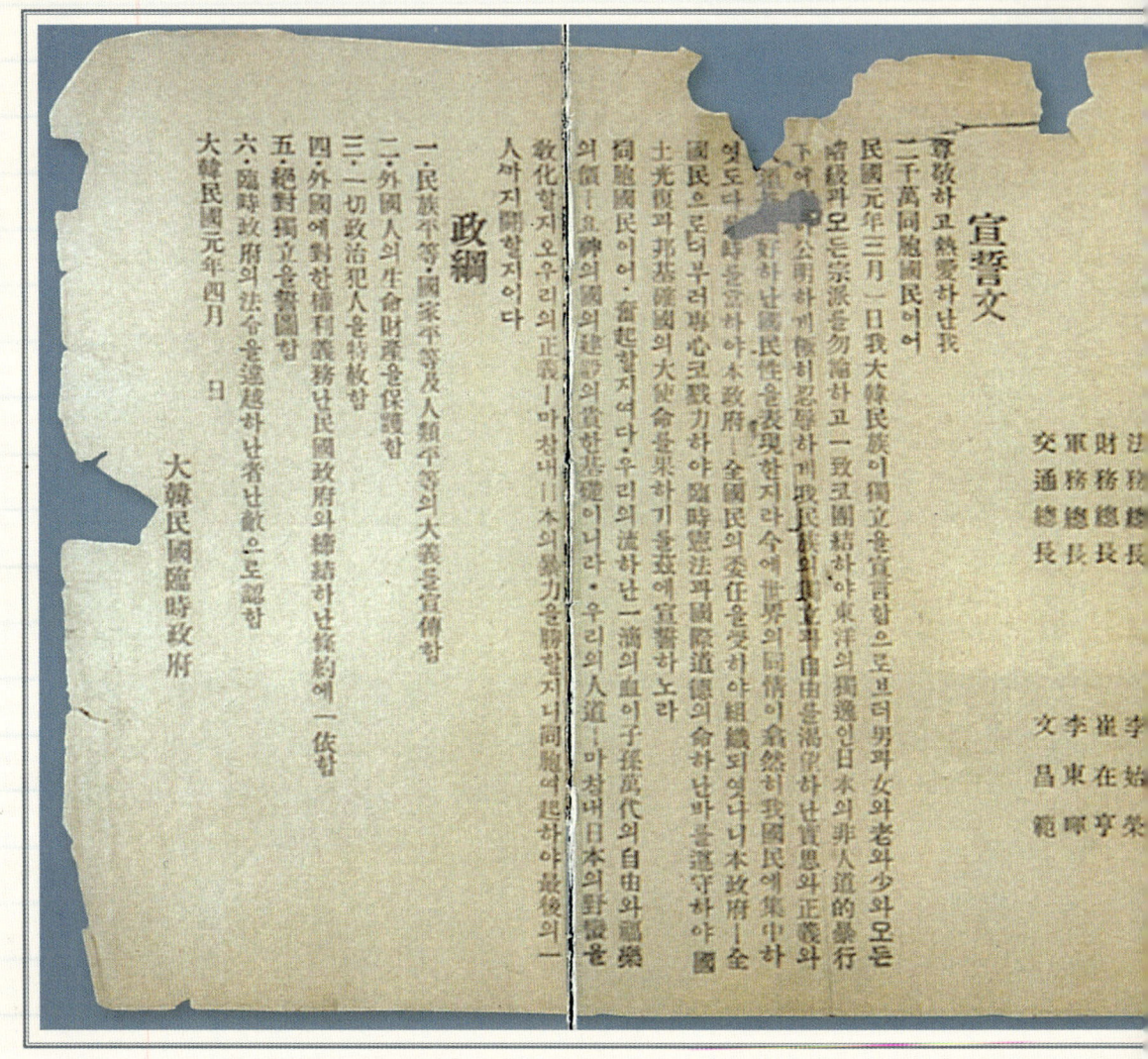

1919년 4월에 만들어진 「대한민국 임시 헌장」

제1조 대한민국은 민주 공화제로 한다.
제2조 대한민국은 임시 정부가 임시 의정원의 결의에 의하여 통치한다.
제3조 대한민국의 인민은 남녀, 귀천 및 빈부의 계급이 없고 일체 평등하다.
제4조 대한민국의 인민은 종교, 언론, 저작, 출판, 결사, 집회, 통신, 주소 이전, 신체 및 소유의 자유를 가진다.
제5조 대한민국의 인민으로 공민 자격이 있는 자는 선거권과 피선거권이 있다.

大韓民國臨時政府의 成立

大韓民國臨時憲章宣佈文

韓人一致로 中外協應하야 漢城에 起義한지 三十有日에 平和的 獨立을 三百餘州에 光復하고 國民의 信任으로 完全히 다시 組織한 臨時政府는 恒久完全한 自主獨立의 福利로 我子孫黎民에 世傳키 爲하야 臨時議政院의 決議로 臨時憲章을 宣布하노라

國務總理
內務總長
外務總長
法務總長
財務總長
軍務總長
交通總長

李東寧
李始榮
崔在亨
李昌植
金奎植
安昌浩
文昌範

大韓民國臨時憲章

第一條 大韓民國은 民主共和制로 함
第二條 大韓民國은 臨時政府가 臨時議政院의 決議에 依하야 此를 統治함
第三條 大韓民國의 人民은 男女貴賤 及 貧富의 階級이 無하고 一切 平等임
第四條 大韓民國의 人民은 信敎·言論·著作·出版·結社·集會·信書·住所·移轉·身體 及 所有의 自由를 享有함
第五條 大韓民國의 人民으로 公民資格이 有한 者는 選擧權 及 被選擧權이 有함
第六條 大韓民國의 人民은 敎育納稅 及 兵役의 義務가 有함
第七條 大韓民國은 神의 意思에 依하야 建國한 精神을 世界에 發揮하며 進하야 人類의 文化 及 平和에 貢獻하기 爲하야 國際聯盟에 加入함
第八條 大韓民國은 舊皇室을 優待함
第九條 生命刑 身體刑 及 公娼制를 全廢함
第十條 臨時政府난 國土恢復後 滿一個年內에 國會를 召集함

大韓民國元年四月　日

제6조 대한민국의 인민은 교육, 납세 및 병역의 의무가 있다.
제7조 대한민국은 인민의 의사에 의하여 건국한 정신을 세계에 발휘하고, 나아가 인류의 문화 및 평화에 공헌하기 위하여 국제 연맹에 가입한다.
제8조 대한민국은 구황실을 우대한다.
제9조 생명형, 신체형, 공창 제도를 모두 폐지한다.
제10조 임시 정부는 국토 회복 후 만 1개년 내에 국회를 소집한다.

대한민국 임시 정부 사람들

대한민국 임시 정부 직원들. 두 번째 줄 오른쪽 맨 끝에 김구의 모습이 보인다. 국무원은 재무부, 법무부, 군무부, 외무부, 내무부 등 다양한 부처가 있는 내각이고, 임시 의정원은 입법 기관이다. 임시 의정원은 대통령을 선출하고 탄핵할 수 있으며 국무원의 여러 일을 심의하고 의결했다.

대한민국 임시 정부 국무원 직원들(1919년 10월). 앞줄 신익희, 안창호, 현순. 뒷줄 김철, 윤현진, 최창식, 이춘숙

초대 대통령 이승만

2대 대통령 박은식

국무령 이상룡

국무령 홍진

국무령 김구

한인 애국단

1930년대 초 대한민국 임시 정부의 김구는 '한인 애국단'이라는 의열 조직을 결성해 "최소의 희생으로 최대의 효과"를 노리는 작업을 시작한다. 대표적인 의열 인사가 이봉창, 윤봉길이다.

1931년 이봉창

1932년 윤봉길

대한민국 임시 정부와 여러 단체

1935년 대한민국 임시 정부는 한국 국민당을 창립했다. 우리나라 사람들의 독립을 향한 열망에는 남녀노소도 없었고, 해외 동포도 똑같았다.

한국 국민당
창립 기념
(1935년 11월 7일)

대한 여자 애국단
창립 17주년 기념
(1936년 8월 5일)

해외 동포들은 쿠바, 하와이 등 각기 사는 나라에서 조직과 단체를 만들어 활동해 나갔고, 여자들은 대한여자애국단을 창립하여 활동했다.

대한인 국민회
쿠바 아바나
3·1 운동 17주년
기념 대회
(1938년 3월 1일)

한국 독립당
하와이 총본부
간부들
(1937년)

대한민국 임시 정부의 무력 항쟁

한편 대한민국 임시 정부는 독립 전쟁에도 힘을 기울인다. 조선 의용대, 한국광복군, 조선 의용군, 한국 청년 전지 공작대 등 각 군대들이 성립되어 활동하고, 나중에는 그 전부 또는 일부가 한국광복군으로 통합해 활동하게 된다. 한국광복군은 일본에 선전 포고를 하고, 미국과 공동으로 국내에 진입할 준비를 모두 마쳤으나, 이보다 먼저 일본이 무조건 항복을 하게 된다.

한국광복군 총사령부 (1940년 9월 17일)

조선 의용대 성립 기념
(1938년 10월 10일)
김원봉이 설립한 독립 무장 부대이다. 나중에 한국광복군으로 편입된다.

한국 광복 진선 청년 공작대 기념 사진
(1939년 4월 4일)
임시 정부가 1938년 조직했다. 항일 의식을 높이기 위해 여러 선전 활동을 했다.

한국 청년 전지 공작대 환송식
(1939년 11월 17일)
임시 정부의 한국광복군이 창설되기 전 한인 청년들을 중심으로 결성된 공작대. 나중에 한국광복군에 합류했다.

대한민국 임시 정부의 이동 경로

1932년부터 대한민국 임시 정부는 일본군의 상하이 점령과 윤봉길 의사 의거를 기점으로 상하이를 떠나 이동할 수밖에 없었다. 8년이 넘는 기간 동안 이곳저곳으로 이동하며 독립운동을 이어 갔다. 그리고 1945년 일본이 무조건 항복을 하고 나서 귀국을 위해 충칭에서 상하이로 이동, 상하이에서 국내로 돌아온다.

충칭 임시 정부 청사에서 임시 정부 요원들의 환국 기념 촬영(1945년 11월 3일)

간쑤성

쓰촨성

윈난성

01

임시 정부
이전의 역사

> 일본국 황제 폐하와 한국 황제 폐하는 두 나라 간
> 특수하고도 친밀한 관계를 고려해 서로의 행복을 증진하며,
> 동양의 평화를 영구히 확보하고자 하며,
> 이 목적을 달성하기 위해 한국을 일본 제국에 병합함이
> 최선의 방법이라 확신하고, 이에 두 나라 간 병합 조약을
> 체결하기로 결정한다. ……
>
> *「한일 병합 조약」에서*

강제 합병이 이루어진 지 5년째인 1915년 일본은 조선의 식민지화를 정당화하기 위해 '조선물산공진회'를 경복궁 앞마당에서 열었다. 경복궁의 중심 건물인 근정전에 일장기를 거는 일까지 서슴지 않았다.

1. 끝내 일본에 나라를 빼앗기다

1910년 8월 22일 서울 거리 곳곳에는 총칼로 무장한 일본 헌병과 경찰들이 촘촘히 늘어서 있고 말을 탄 기마대들이 계속 순찰을 돌고 있었어.

이날따라 더더욱 삼엄한 경비 속에 세상 만물마저 모두 숨죽인 듯 고요했고 공기마저 무거웠지.

'맴맴맴맴, 맴맴맴, 매앰.'

가는 여름을 아쉬워하는 매미의 울음소리만이 이따금 적막을 깰 뿐이었어.

그날 남산에 자리한 조선 통감부(조선 총독부로 바뀌기 전, 1905년부터 1910년까지 있었던 일제의 조선 통치 기관)에서 대한 제국 내각 총리대신 이완용과 일본의 조선 통감 데라우치 마사타케는 기어이 '한일 병합' 조약을 체결하고야 말았어.

"이 사실을 조선인들이 알면 대규모 폭동이 일어날 수도 있소. 각별히 주의하시오."

일본은 매우 염려하며 쉬쉬했어. 그래서 1주일이 지난 뒤인 1910년 8월 29일에야 한일 강제 병합 사실을 발표했지.

우리나라 5000년 역사상 가장 치욕스러운 날, 일본에 우리나라를 송두리째 빼앗긴 날이었지.

이로써 1392년에 세워진 조선은 27대 왕조 519년 만에 마침내 나라가 망하는 운명을 맞고 말았어. 그리고 그날부터 우리 백성들은 나라를 잃은 망국민(亡國民)이 되어 나라 없는 설움과 함께 가혹한 일제 강점기를 겪게 된 거지.

"도대체 이게 무슨 일이야?"

"우리 조선이란 나라가 이제 없어진 거라며?"

"아이고, 아이고! 나라 없는 우리들은 이제 누굴 믿고 사나……."

골목마다, 거리마다 사람들이 모여 수군거리며 걱정하고 슬퍼하고 탄식했지.

「한일 병합 조약」 문서는 허울 좋은 명분만 덩그러니 적어 놓은 조약이었어. 하지만 실제로는 이 조약 문서가 체결되는 그 순간부터 한일 두 나라 사이에는 "서로의 행복과 동양의 평화"가 완전히 사라져 버린 거야.

강제 병합 소식을 뒤늦게 안 몇몇 충신들과 선비들은 스스로 목숨을 끊기도 했어. 또 일부 독립지사들은 먼 앞날을 기약하면서 광복의 씨앗을 심고자 괴나리봇짐을 메고 압록강, 두만강을 넘거나 기선을 타고 태평양을 건너 미주 등지로 떠나갔지. 피눈물을 삼키며 나라를 떠난 거야. 하지만 대부분 백성들은 나라를 빼앗긴 분노를 삭이면서 일제가 휘두르는 채찍과 총칼 아래 숨을 죽인 채 목숨을 이어 갈 수밖에 없었지.

일본은 이 조약문의 먹물이 미처 마르기도 전에 서둘러 일본 사람들을 한국으로 이주시켰어. 부쩍 서둘렀지. 그들은 한국인의 토지와 이 나라의 산림 자원을 빼앗을 목적으로 '동양 척식 주식회사'를 세우고, 이를 앞세워 한국의 토지와 산림 자원을 누에가 뽕잎 갉아 먹듯 야금야금 집어삼

켰어. 한일 병합 몇 년 만에 일본인들에게 토지와 산림 자원, 곧 삶의 터전을 빼앗겨 버린 거야. 결국 우리 백성들은 화전민(산에 불을 내어 풀, 나무 등을 태운 뒤 그 자리를 파 일구어 농사를 짓고 사는 사람), 또는 헐벗은 도시 빈민의 신세가 되고 말았고.

조선을 통째로 집어삼킨 일본은 서울에 조선 총독부를 세우고 무단 정치를 실시했어. 무단 정치란 군대나 경찰이 총과 칼로 위협하며 강압적으로 억눌러서 다스리는 것을 말해. 경찰서장이나 헌병 분대장에게 총칼을 쥐여 주어 조선 백성들을 엄하게 다스리게 한 거지. 일본은 한국인을 철저한 일본 신민(백성)으로 만들려고 나중에는 우리말을 못 쓰게 하고, 심지어는 우리의 성씨조차 못 쓰게 했어.

"앞으로 모든 학교에서는 일본어만 가르칠 수 있다!"

"조선식 이름은 모두 일본식 이름으로 바꾼다!"

민족 말살 정책, 즉 한국인을 일본인으로 만들려는 동화 정책을 아주 강력하게 펴 나갔지.

하지만 두꺼운 얼음장 밑에서도 새싹이 움트듯, 일본 제국주의자들의 칼날을 피해 해외로 나간 독립지사들은 현지 곳곳에 독립 기지를 만들어 조국 광복의 씨앗을 뿌리고 그 싹을 착실히 가꾸면서 광복의 그날을 기약하고 있었지.

2. 민족 대폭발, 3·1 운동이 일어나다

나라를 빼앗긴 지 10년이 다 되어 갈 즈음, 우리 한국인들은 더 이상 일본의 강압적인 무단 통치를 참지 않았어.

1919년 3월 1일, 응축되었던 우리 민족의 분노가 마침내 대폭발한 사건이 일어나. 바로 3·1 운동이야.

그날 서울 탑골 공원 팔각정에서 「3·1 독립 선언서」가 낭독되자 공원을 에워싼 군중은 목이 터져라 "대한 독립 만세!"를 외치고 또 외쳤어. 그 만세 소리는 거대한 밀물처럼 순식간에 나라 안은 물론 나라 밖까지 퍼져 나갔어.

"대한 독립 만세!"

"대한 독립 만세!"

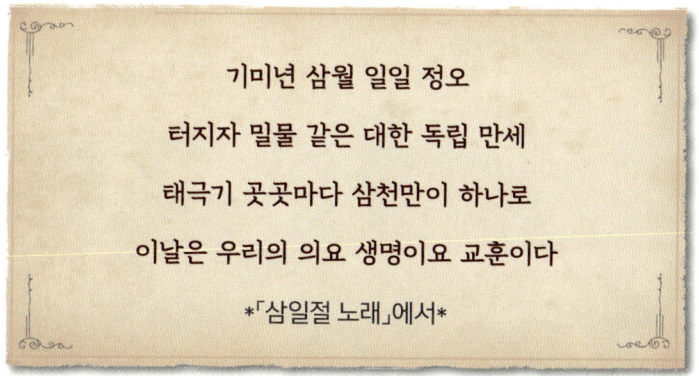

기미년 삼월 일일 정오
터지자 밀물 같은 대한 독립 만세
태극기 곳곳마다 삼천만이 하나로
이날은 우리의 의요 생명이요 교훈이다
「삼일절 노래」에서

국권 회복을 위한 독립 만세 운동은 1917년 7월 신규식, 박은식, 신채호, 조소앙, 신석우 등이 중국 상하이에 모여 「대동단결 선언」을 발표한 데서

비롯되었어. 이 선언문은 우리 한국인끼리만 주권을 주고받을 수 있는 것이지, 한국인이 아닌 외국인이 우리의 주권을 물려받는 것은 근본적으로 무효라는 선언이었어. 이는 곧 일본이 한반도를 강제로 점령한 것은 무효라는 선언인 셈이었지.

마침 그때 미국 대통령 윌슨이 민족 자결주의를 발표했어. "각 민족은 스스로 자기네의 정치적 운명을 결정할 권리가 있다."라는 내용으로, 식민지 국가들의 독립운동에 많은 영향을 끼쳤지.

민족 자결주의는 우리 민족에게도 자주독립의 꿈을 가지게 하는 복음과 같았어. 재미 동포들은 이 민족 자결주의에 발맞추어 파리 강화 회의에 한인 대표를 보내 한국의 독립을 호소하려고 계획했어. 파리 강화 회의는 제1차 세계 대전이 끝나고 각국의 영토 조정과 전쟁 이후의 국제 평화를 논의하기 위한 회의였거든. 재미 동포들은 이 회의에 이승만, 민찬호, 정한경 등을 한인 대표로 보내려고 했지. 하지만 미국 정부가 이들에게 여권을 내주지 않으면서 그 계획은 실패하고 말았어.

이 소식을 들은 도쿄의 '조선 유학생 학우회'는 이대로 있어서는 안 되겠다고 생각했어.

1919년 2월 8일 오후 2시 그들은 도쿄 조선 기독교 청년 회관에서 '재일본 조선 청년 독립단'이라는 이름으로 「2·8 독립 선언서」를 발표했어.

오랜 역사를 가진 한민족은 지금껏 다른 민족의 실질적인 지배를 받은 사실이 없다! …… 가혹한 일제에 맞서 최후의 1인까지 피로써 싸울 것이다!

이것이 국내 독립운동에 기름을 부은 셈이야.

이에 앞서 만주 지린(길림)에서도 1919년 2월 1일 민족 지도자들이 「대한 독립 선언서」를 발표하고 한국이 독립국임을 선포했어.

**우리 대한은 완전한 자주독립국이요, 민주의 자립국임을 선포한다!
…… 그러므로 일제가 강요한 한일 병합은 무효이며, 융희 황제(순종)
가 주권을 포기한 것은 곧 국민에게 넘겨준 것이다!**

그러면서 민족 지도자들은 "백성들의 뜻을 위임받아 주권을 행사하고, 정의로운 독립 전쟁을 벌여 나라를 되찾겠다."라며 "온몸으로 피 흘리며 싸워서 반드시 독립을 완성할 것"을 국제 사회에 선언했어.

이를 '무오 독립 선언'이라고도 하는데, 김교헌, 김규식, 이상룡, 김동삼 등 민족 대표 39명의 이름으로 발표되었지.

이렇게 해외에서 독립운동의 움직임이 거센데 국내에서 가만있을 수 있겠어?

그때 국내에서 사건이 일어나지. 1919년 1월 21일 고종 황제가 갑자기 붕어(崩御: 임금이 세상을 떠남)한 거야.

"고종 황제가 사실 독살되었단 소문이 있네."

"그게 참말인가? 도대체 이게 무슨 일인지……."

"정확한 사실은 아직 밝혀지지 않았지만 소문이 그래."

이 소문이 은밀히 퍼져 온 백성들이 일제를 향한 적개심으로 크게 분노하고 있었어. 이것이 계기가 되어 나라를 빼앗긴 이후 기회만을 엿보고 있던 국내 민족 지도자들이 독립 만세 운동을 준비했지. 처음에는 종교 단체와 교육 기관에서 각각 독자적으로 독립 만세 운동을 계획했지만, 곧

천도교, 기독교, 불교, 유림(유학자) 등이 함께 손잡고서 민족 대표 33인을 뽑아 마침내 1919년 3월 1일 「3·1 독립 선언서」를 낭독한 거야.

3·1 운동은 이제 다시 해외로 번져 나갔어. 그해 3월 17일에는 대한 국민 회의가 중심이 되어 연해주의 블라디보스토크에서 대규모 독립 만세 운동을 벌였지. 또 미주(미국) 지역 동포들은 그해 4월 16일 필라델피아의 독립 기념관에 모여 대한 독립 선언식을 거행하고, 시가행진을 벌였어.

우리나라의 국권을 회복하고 민족의 자주독립을 이루기 위해 시작된 3·1 운동이 비록 일제의 무력 탄압과 세계열강의 외면으로 그 목적을 충분히 달성하지는 못했지만, 우리 민족의 역사에 대단히 중요한 의미를 남겼어. 그중 가장 큰 의미는 3·1 운동이 '대한민국 임시 정부' 탄생의 결정적인 계기가 되었다는 거야.

3·1 독립 선언서

우리는 오늘 조선이 독립한 나라이며, 조선인이 이 나라의 주인임을 선언한다. 우리는 이를 세계 모든 나라에 알려 인류가 모두 평등하다는 큰 뜻을 분명히 하고, 우리 후손이 민족 스스로 살아갈 정당한 권리를 영원히 누리게 할 것이다. 이 선언은 오천 년 동안 이어 온 우리 역사의 힘으로 하는 것이며, 이천만 민중의 정성을 모은 것이다. 우리 민족이 영원히 자유롭게 발전하려는 것이며, 인류가 양심에 따라 만들어 가는 세계 변화의 큰 흐름에 발맞추려는 것이다. 이것은 하늘의 뜻이고 시대의 흐름이며, 전 인류가 함께 살아갈 정당한 권리에서 나온 것이다. 이 세상 어떤 것도 우리 독립을 가로막지 못한다.

[중략]

세 가지 약속

하나,
오늘 우리의 독립 선언은 정의, 인도, 생존, 존영을 위한 민족의 요구이니, 오직 자유로운 정신을 드날릴 것이요, 결코 배타적 감정으로 함부로 행동하지 말라.

하나,
마지막 한 사람까지, 마지막 한순간까지, 민족의 정당한 뜻을 마음껏 드러내라.

하나,
모든 행동은 질서를 존중하여 우리의 주장과 태도를 떳떳하고 정당하게 하라.

조선을 세운 지 4252년 3월 1일(1919년 3월 1일)

조선 민족 대표

「3·1 독립 선언서」
1919년 3월 1일 독립 만세 운동 때 민족 대표 33인이 한국의 독립을 나라 안팎에 선언하기 위해 작성했다.

02

대한민국 임시 정부 이야기

1. 대한민국 임시 정부가 태어나다

> 대한민국 임시 정부는 1919년 3·1 운동을 계기로 중국 상하이에 세워졌다.

1919년 3·1 운동을 통해 한국이 독립국임을 선포했잖아. 독립된 나라이니 당연히 이를 운영할 정부도 있어야지. 그래서 3·1 운동 이후 이곳저곳에서 여러 개의 정부가 거의 한꺼번에 생겨났어.

"우리 조선은 독립 국가요. 전 세계에 이를 알렸으니, 정부를 세우는 게 시급하오."

"옳은 말씀입니다. 나라는 있는데 정부가 없다는 게 말이 됩니까? 어서 정부를 세웁시다."

먼저 나라 안에서는 한성 임시 정부, 천도교 중심의 대한 민간 정부, 조선민국 임시 정부, 평안도의 신한민국 임시 정부 등이 생겼고, 나라 밖에서는 상하이 대한민국 임시 정부, 러시아령 대한 국민 의회 정부가 생겼지. 이들 가운데 상하이 대한민국 임시 정부, 러시아령 대한 국민 의회 정부, 서울 한성 임시 정부는 부서와 청사까지 갖췄지만 나머지 임시 정부는 그러지 못했어. 이 임시 정부들은 모두 민간 독립 지도자들이 중심이 되어 매우 의욕적으로 출발했지만 이를 뒷받침할 적당한 본거지(발판)가 없어 실제 정부 수립이 불가능했고, 자연스럽게 소멸되고 말았어.

당시 일본은 국내는 물론 중국의 동삼성(지금의 만주), 러시아령의 시베

리아까지 그 세력을 뻗고 있었어. 그러니 임시 정부를 세우기 위해서는 일본의 세력이 닿지 않는 곳을 찾아야 했지.

"상하이가 좋겠소! 상하이는 국제 교통 요지인 데다 강대국의 조계지(외국인 거주지)여서 여러 나라의 정세를 파악하기 편리하오."

"동의하오. 외국의 도움을 받기에도 좋은 곳이니 아주 알맞소."

이렇게 뜻이 모아지자 신한청년당이 독립운동가들을 초청해 1919년 4월 10일부터 11일까지 상하이 프랑스 조계지 '김신부로 22호'에서 제1회 임시 의정원 회의를 개최하게 되었어. '임시 의정원'은 오늘날의 국회와 같은 곳이야. 정부를 움직이려면 법도 세워야 하고 중요한 결정들도 내려야 하니까 임시 의정원 같은 의회 조직이 필요하지. 최초 의정원 의원은 현순, 손정도, 신익희, 조성환 등 모두 29명이었어.

「대한민국 임시 헌장」

제1조 대한민국은 민주 공화제로 한다.

제2조 대한민국은 임시 정부가 임시 의정원의 결의에 의하여 통치한다.

제3조 대한민국의 인민(지금의 국민)은 남녀, 귀천 및 빈부의 계급이 없고 일체 평등하다.

제4조 대한민국의 인민은 종교, 언론, 저작, 출판, 결사, 집회, 통신, 주소 이전, 신체 및 소유의 자유를 가진다.

제5조 대한민국의 인민으로 공민 자격이 있는 자는 선거권과 피선거권이 있다.

제6조 대한민국의 인민은 교육, 납세 및 병역의 의무가 있다.

제7조 대한민국은 인민의 의사에 의하여 건국한 정신을 세계에 발휘하고, 나아가 인류의 문화 및 평화에 공헌하기 위하여 국제 연맹에 가입한다.

제8조 대한민국은 구황실을 우대한다.

제9조 생명형, 신체형, 공창 제도를 모두 폐지한다.

제10조 임시 정부는 국토 회복 후 만 1개년 내에 국회를 소집한다.

임시 의정원에서는 임시 정부의 첫 헌법인 「대한민국 임시 헌장」을 만들었어. 국호는 '대한민국'이며, 어떤 체제를 바탕으로 나라를 운용할 것인지, 국민의 의무는 무엇인지 등 나라를 세우는 데 기틀이 될 기본적인 내용을 글로 정리한 거야. 10개 조항으로 이루어진 「대한민국 임시 헌장」을 보면 대한민국 임시 정부가 대한 제국(1897년부터 1910년까지 조선의 국명)의 부활이 아니라 '대한민국'으로 새롭게 세워진 나라임을 알 수 있어. 이렇게 대한민국 임시 정부가 탄생했어.

국기는 국가의 상징이잖아. 대한민국 임시 정부는 대한 제국에서 사용하던 태극기를 그대로 이어받아 국기로 사용했지.

대한민국 임시 의정원에서 사용하던 태극기

대한민국 임시 정부 수립 당시에는 대통령 없이 국무총리가 가장 높은 직책이었어. 국무총리 아래에 내무부, 외무부, 법무부, 재무부, 군무부, 교통부 등 6개 부를 두었지. 초기 대한민국 임시 정부의 국정 책임자들은 다음과 같아. 우리가 아는 사람이 많지?

초대 임시 정부 국정 책임자

임시 의정원 의장 이동녕(1869~1940년)

국무총리 이승만(1875~1965년)

내무총장 안창호(1878~1938년)

외무총장 김규식(1881~1950년)

법무총장 이시영(1869~1953년)

재무총장 최재형(1860~1920년)

군무총장 이동휘(1873~1935년)

교통총장 문창범(1870~1934년)

대한민국 임시 정부는 1919년 4월 11일에 수립되어 4월 13일에 수립이 선포된 우리나라 역사상 최초의 민주 공화 정부야. 수립 이후부터 조국이 광복될 때까지 27년간 우리나라 독립운동의 최고 지휘부이자 우리 민족의 최고 대표 기관이었지.

해방 후 1948년에 수립된 대한민국 정부는 1919년 상하이 대한민국 임시 정부를 주춧돌 삼아 그 위에 세워진 거야. 임시 정부의 정통성을 이어받은 정부라는 뜻이야. 오늘날 우리나라 국호인 '대한민국'은 1919년 4월 11일에 수립한 대한민국 임시 정부가 사용한 국호를 그대로 따온 것이고,

상하이 대한민국 임시 정부 청사

국민이 주인이 되는 민주 공화 정부도 그때 이미 정한 거지.

1948년 7월 12일에 제정되어 7월 17일에 공포된 대한민국 「제헌 헌법」 전문에서도 이러한 점을 분명히 드러내고 있어.

유구한 역사와 전통에 빛나는 우리들 대한 국민은 기미 삼일 운동으로 대한민국을 건립하여 세계에 선포한 위대한 독립 정신을 계승하여 이제 민주 독립 국가를 재건함에 있어서 정의 및 인도와 동포애로써 민족의 단결을 공고히 하며…….

2. 대한민국 임시 정부가 움직이다

대한민국 임시 정부는 1919년 수립된 이래 1945년 해방이 될 때까지 27년간 지속되었다. 이를 다시 상하이 시기(1919~1932년), 이동 시기 (1932~1940년), 충칭 시기(1940~1945년)의 3기로 나눌 수 있다.

◎ 상하이에서 활동을 시작하다 (1919~1932년)

상하이에 세워진 대한민국 임시 정부는 민족의 대표 기구로서 구심점이 되고자 했어. 하지만 일제가 끊임없이 감시하고 탄압하니 활동을 원활하게 하지 못했어. 그러다 보니 임시 정부 운영에 많은 어려움을 겪었지. 독립을 위한 또 다른 방안으로 무력 투쟁을 벌이고, 무력 투쟁의 일환으로 국내 진공 작전을 계획하기도 했지만 이 역시 일제의 탄압과 임시 정부 내 여러 문제들로 어려움을 겪었어.

이러한 문제들을 헤쳐 나가고자 임시 정부는 '한인 애국단'을 조직해 중요한 자리에 있는 일본의 인물들을 처단하고 주요 기관들을 파괴하는 등 무력으로 일본에 맞서는 전략을 꾀하기도 했지. 이 밖에도 갖가지 수단과 방법을 마련해 독립운동을 전개해 나갔어.

대한민국 임시 정부는 어쩔 수 없이 나라 밖에 세워졌지만, 우리 민족의 구심체로 광복의 그날까지 독립운동을 주체적으로 이끌어 갔어. 광복 후 우리나라가 국제 사회에서 독립을 인정받을 수 있었던 것도 대한민국 임시 정부가 존재했기 때문이야.

또한 대한민국 임시 정부는 구시대와 신시대를 가르는 분수령이 되었어. 이제 더 이상 임금이나 황제를 따르는 백성이 아니라 국가의 주인인 국민이 있는 민주 공화국의 틀을 잡게 된 거지. 이러한 정신은 오늘날의 우리나라 헌법에도 명확하게 표현되어 있어.

·연통제·교통국을 세워 국내외와 연계하다

먼저 대한민국 임시 정부는 수립 초기부터 조국의 광복이라는 목표를 이루기 위해 내정, 외교, 군사, 재정 등 각 방면으로 정책을 세웠지. 그런데 국내에 있는 독립운동 조직과 어떻게 연대할 것인지가 고민이었어. 머리를 맞대고 회의에 회의를 거듭했어.

"우리가 중국에서 국내와 동떨어져 독립운동을 하는 것만으로는 큰 효과를 거둘 수 없습니다."

"맞습니다. 국내에서 활동하는 독립운동 조직과 연대해야 합니다."

"일본의 감시망이 삼엄한데 어떻게 하면 좋을까요?"

"임시 정부 안에 연통제(비밀 행정 기관)를 설치해 국내에 있는 독립운동 조직과 연대를 하면 어떨까요?"

그리하여 서울에 총판을 두고, 도에는 감독, 군에는 총감, 면에는 사감을 각각 임명하는 연통제를 구성했어. 초기에는 지방 행정 기구로 국내에 연통제를, 국내외 동포 사회 연락 기관으로 교통국(통신 연락 기구)을 설치해 아주 중요한 임무를 수행해 나갔지.

연통제는 1919년 7월에 임시 정부 내무총장 도산 안창호의 주도로 설립된 비밀 연락망이었어. 한마디로 비밀 연락 조직이라고 할 수 있지.

연통제는 초기에 경상남북도, 충청남도, 제주도를 제외하고 전국 9개 도, 1개 부, 45개 군에서 하부 단위까지 조직되어 상당한 성과를 거두었어.
교사, 학생, 승려 등 다양한 계층이 연통제의 일원이 되어 활약했지.

타타탓

상하이 임시 정부

또한 임시 정부는 교통부 산하에 교통국을 설치하고, 중국에 교통국의 지국을 두기 위해 마땅한 장소를 찾고 있었어. 그때 마침 중국 단둥에서 무역 회사를 운영하며 한국의 독립운동을 지원하던 아일랜드 사람 조지 루이스 쇼가 돕기를 자처하고 나섰지.

"내가 경영하는 이륭양행 2층을 교통국 단둥 지국으로 사용하면 어떻겠습니까?"

"미스터 쇼, 정말 반가운 소리요. 그렇지 않아도 이륭양행은 무역 회사라 통신 연락이 쉬울 듯하여 마음에 두고 있었는데, 정말 고맙소."

"내가 그 마음을 잘 알지요. 우리 아일랜드도 영국(잉글랜드)의 지배에서 벗어나려고 저항하고 있는데, 내가 어찌 모르겠소. 이곳 단둥에서는 내가 힘닿는 데까지 도우리다."

"우리 대한민국이나 그대의 아일랜드, 모두 독립을 이루기 바라오. 그럼 우리 교통국을 그곳에 설치하고 신세를 지겠습니다. 우리가 독립하면 이 은혜는 꼭 갚으리다."

이렇게 조지 루이스 쇼의 도움으로 단둥에 지국을 마련한 교통국은 임시 정부 초기에 독립 자금을 운반하거나 무기를 국내에 들여오고, 정보를 수집하고 연락을 주고받으며, 망명 인사들에게 길 안내를 해 주는 일을 맡았어. 독립운동의 중간 거점 역할을 톡톡히 담당한 거지. 하지만 안타깝게도 1920년 7월 쇼를 비롯한 핵심 요원들이 일본 경찰에 체포되면서 그 기능을 차차 잃어버리게 돼.

·무력 투쟁을 준비하고 시작하다

일본이 무력으로 대한 제국, 곧 조선을 빼앗았잖아. 그런 일본에게서 나라를 되찾자면 우리도 힘을 길러 무장 투쟁에 대비해야 했지. 그래서 이회영의 6형제, 이상룡 등 독립지사들은 나라가 망하자 곧 만주 서간도에 독립운동 기지를 마련했어. 그곳에서 사람들을 교육시키고, 무력을 기르고자 경학사(자치 단체)와 신흥 강습소를 설립했지. 1913년 신흥 강습소를 신흥 무관 학교로 발전시켜 본격으로 독립 전사들을 길렀어. 이후 1920년 이 학교가 일제의 탄압으로 문을 닫을 때까지 약 3천 5백여 명의 졸업생을 양성했지. 그들이 청산리 전투에도 참여하고, 임시 정부 광복군과 의혈단에서까지 주역으로 역할을 다한 거야.

한편 대한민국 임시 정부는 1919년 말부터 군사 활동에 대한 계획을 세웠어. 그 실천으로 이듬해 3월 20일엔 상하이에 '육군 무관 학교'를 설립했어. 수업 기간은 12개월, 졸업하면 참위(지금의 소위)로 임명돼. 제1기에는 19명, 제2기에는 24명을 배출했는데, 이후 재정적 어려움 때문에 더 운영하지 못하게 됐어. 미국 샌프란시스코에서는 대한민국 임시 정부 군무총장 노백린이 '비행사 양성소'를 설립하기도 했어.

또한 임시 정부는 이미 만주 지역에서 활동하고 있던 독립군과 연계해 독립 전쟁을 벌였어. 이를 위해 만주 지역에 있던 독립군 조직들을 임시 정부가 관리하는 체제로 바꾸었지. 서간도의 '서로 군정서'와 북간도의 '북로 군정서'를 임시 정부 군무부 산하로 편입한 거야. 이 밖에도 서간도의 여러 독립군 단체를 하나로 합쳐 '광복군 총영'을 조직했어. 이렇게 해서 광복군 총영은 3700여 명의 독립군을 거느리게 됐어. 그들은 서간도 일대에 있는 일본인 시설을 파괴하거나 압록강을 넘나들며 국내에서 기습적으로 유격전을 펼쳤어. 광복군 총영은 국내 주재소, 면사무소, 영림서(지금의 지방 산림청에 해당하는 기관으로, 일제는 영림서를 설치해 나무를 무더기로 벌목하며 우리나라 산을 훼손했음) 등을 습격해 파괴하고, 경찰 95명을 죽거나 다치게 하는 전과를 올리기도 했어. 두만강 국경 지대에서도 독립군 단체의 활동이 활발하게 이루어졌는데 그중에서도 봉오동 전투와 청산리 대첩이 독립운동 역사에서 길이 빛나는 전투야. 조선 독립군이 일본군의 공격을 제대로 물리친 전쟁이거든.

1920년 5월 만주 지역에서 활동하던 여러 독립군 부대의 책임자들이 비밀리에 모임을 가졌어. 이날 모임에는 '대한 독립군'의 홍범도 장군, '대한 국민 회군'의 안무 장군, '군무 도독부'의 최진동 장군 등 여러 독립군의 대표들이 모였어. 홍범도 장군이 말을 꺼냈어.

"동지 여러분, 반갑습니다. 그런데 지금처럼 따로따로 흩어져서 싸우지 말고 힘을 합쳐 큰 군대를 이루어 일본군과 맞서면 어떻겠습니까?"

"좋습니다. 그렇게 하는 편이 유리하겠어요."

"총책임은 홍범도 장군이 맡는 게 어떻겠습니까?"

"찬성합니다."

이렇게 만들어진 연합군의 이름이 '대한 북로 독군부'야.

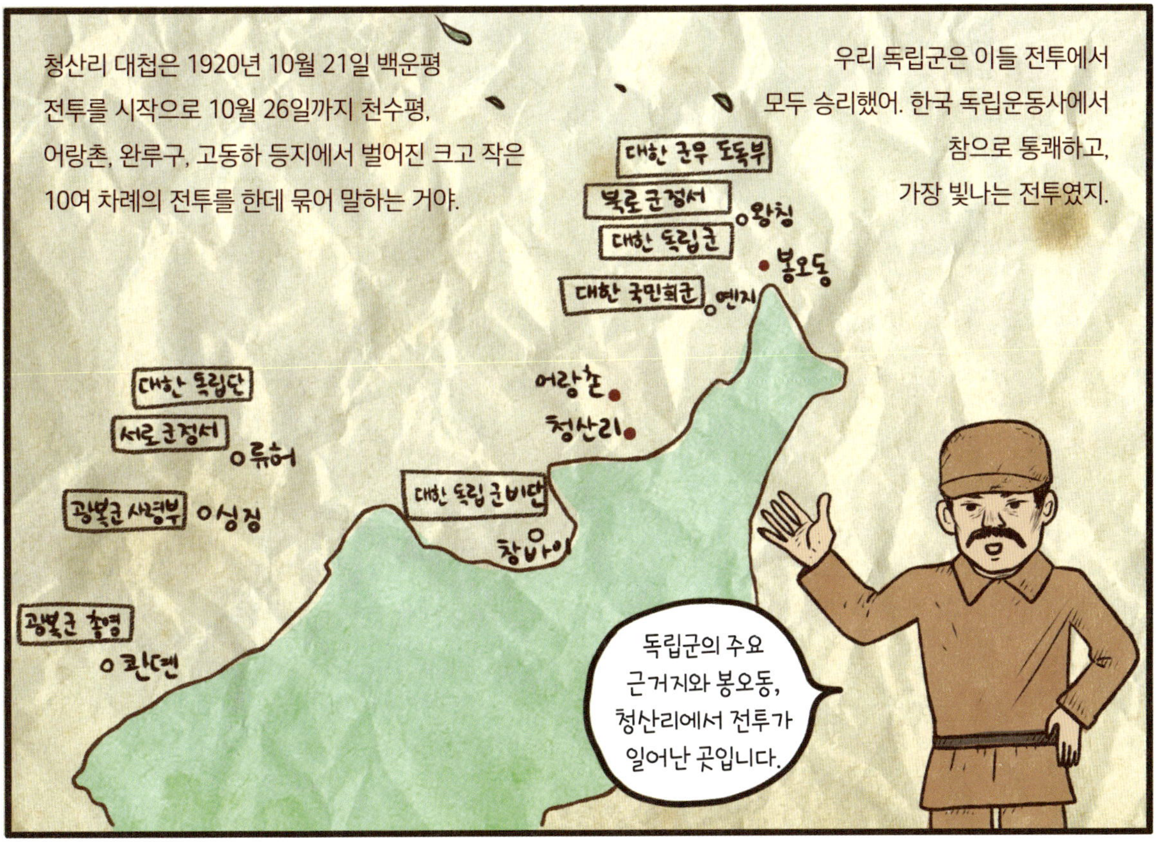

봉오동 전투와 청산리 대첩 등 독립군 토벌 작전에서 크게 패한 일본군은 그 보복으로 독립군의 기반이었던 만주 조선인 사회를 잔혹하게 탄압한 '경신참변'을 일으켰어.

"샅샅이 뒤져라! 조선의 독립군이 숨어 있을지도 모른다!"

"남자들은 한 놈도 빠짐없이 무조건 끌고 나와라. 그중에 분명 독립군이 있을 것이다!"

'탕! 탕! 탕!'

일본군은 마을에서 닥치는 대로 남자들을 끌고 나와 한곳에 모아 놓고는 그 안에 독립군이 있을 것이라며 모두 총으로 쏘아 죽였어. 그들은 죄 없는 민간인을 무차별적으로 학살하고 조선인 마을에 불을 지르는 만행을 저질렀지.

경신참변으로 만주에 거주하던 조선인들의 피해가 엄청났어. 임시 정부의 간도 파견원 보고에 따르면, 1920년 10월과 11월 두 달 동안만 해도 3600여 명이 죽고 150여 명이 체포되었으며, 집 3500여 동과 학교 59곳, 교회 19곳, 곡물 5만 9000여 석이 불타 버렸다고 해.

얼마나 처참했을지 상상이 되지? 당시 이 참상을 목격한 미국인 선교사가 이렇게 탄식할 정도였어.

"피에 젖은 만주 땅이 바로 저주받을 인간사의 한 페이지이다."

·비밀 결사 단체와 연계 및 언론·교육 활동

"빼앗긴 나라를 되찾을 수만 있다면 이까짓 돈이야……."

"고맙습니다."

"지금 가진 것이 이뿐이니, 일단 이거라도 가져가 나라를 찾는 데 써 주시오."

임시 정부는 통신원, 공채 모집 위원, 선전원 같은 다양한 이름으로 국내에 특파원을 보냈어. 이들은 국내에 잠입해서 임시 정부를 알리고 운영 자금을 마련하는 지원 단체를 결성하고, 군자금을 모아 임시 정부에 송금하는 등, 임시 정부 선전 활동을 펼쳤지.

또한 이들은 '조선 민족 대동단', '대한민국 청년 외교단', '대한 독립 애국단' 등 비밀 결사 단체에 참여해 그들 단체의 통합을 주도하면서 제2차 만세 시위운동을 추진하기도 했어.

3·1 운동의 영향으로 국내에 수백 개의 비밀 결사 단체가 조직되었거든. 대한 독립 애국단, 조선 민족 대동단, 대한민국 청년 외교단, 대한민국 애국 부인회, 대한 국민회 등 이들 비밀 결사 단체들은 도, 군, 면 단위까지 지부를 설치할 정도로 전국적인 조직 체계를 갖추었지.

임시 정부는 비밀 결사 단체들과 연계하여 큰일을 도모하기도 했어. 김가진(대한 제국 대신 중 유일하게 임시 정부에 참여한 사람)을 상하이로 망명시켰고, 의친왕(고종의 다섯째 아들)을 임시 정부로 망명시키려는 계획도 세웠지.

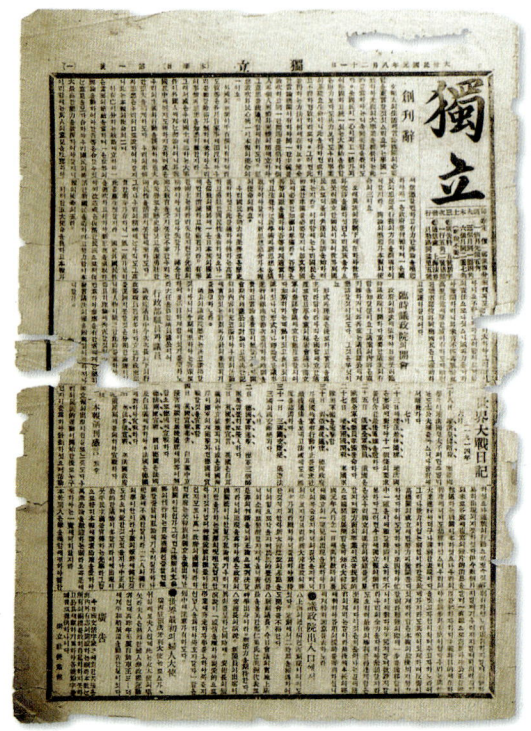

「독립신문」 창간호

한편 임시 정부는 언론 활동에도 나섰어. 1919년 8월 21일 기관지 「독립신문」을 발행했지. 「독립신문」은 민족 사상을 드높이고 민심을 통일한다는 커다란 목표 아래 임시 정부를 홍보하고, 임시 정부의 방향과 시책을 알리며, 신학문과 새로운 사상을 널리 퍼뜨리는 활동을 펼쳤어. 창간 초에는 주 1회 발간하던 것이 재정난에 빠지면서 1922년부터 월 1회 발간으로 명맥을 이어 가다가 1926년 11월 30일 198호로 발간을 중단했지.

조국의 독립을 위한 방편으로 언론 못지않게 교육도 매우 중요한 부분이었어. 그래서 임시 정부는 상하이 훙커우 공원 옆에 초등 과정의 학교를 세웠어. 중국에 있는 우리 동포의 자녀들을 교육하기 위한 교육 기관이었지. 처음에는 교회 소속의 사립 학교라 '한인 기독교 소학교'라는 이름으로 불리다가 1917년에 학교 이름을 '인성 학교'로 고치고 초등과와 중등과를 마련해 독립지사 및 동포 자녀들에게 민족 교육을 실시했지. 삼일절과 국치일('나라가 수치를 당한 날'이라는 뜻으로, 우리가 일본에 나라를 빼앗긴 8월 29일을 일컬음)에는 교사와 학생들이 대대적으로 행사를 벌였어. 이 날은 주악대를 앞세워 시가행진을 하고 항일 투쟁을 주제로 한 연극 공연을 하기도 했단다. 하지만 1932년 임시 정부가 상하이를 떠나자 이 학교도 크게 타격을 받을 수밖에 없었어.

무장 투쟁, 교육, 언론 등 이 모든 활동을 해 나가려면 당연히 돈이 필요하겠지? 지금까지 벌였던 사업들도 대부분 자금이 부족해서 끝까지 이어지지 못했잖아.

당시 상하이 지역에 거주하는 한인 동포는 1000여 명이었는데, 그 가운데 절반은 별다른 직업 없이 독립운동만 하는 요인들이라 재정 문제를 스스로 해결할 수 없는 처지였어.

이런 상황에서 임시 정부는 국내나 미주 지역 등 해외 한인 사회의 도움을 받아야 했어. 하지만 이 일도 결코 쉽지만은 않았어. 국내는 일제의 엄중한 통제와 감시 아래 있었고, 만주와 러시아 지역은 수많은 독립운동 단체가 현지에서 각각 독자적으로 독립 자금을 모으고 있었거든. 그래서 임시 정부는 성립 초기부터 미주 지역 한인 사회와 밀접한 관계를 유지하

 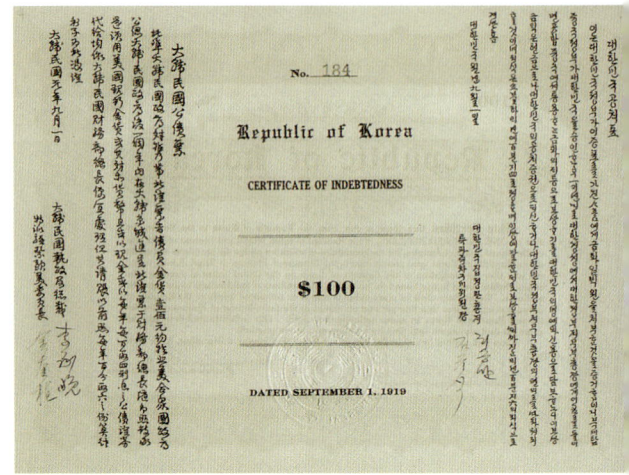

대한민국 독립 공채
대한민국 임시 정부는 독립운동을 효과적이고 능률적으로 수행하고 조국 광복을 달성하기 위해 군자금 모집 공채를 발행했다.

면서 재정 지원을 많이 받았어. 다행히 미주 지역 한인 사회는 다른 지역에 비해 경제적으로 안정돼 있는 편이었거든.

　미주 지역에서 한인 사회를 대표하는 기구는 '대한인 국민회'였어. 1919년 만세 운동이 일어나자 대한인 국민회 중앙 총회는 국내의 독립 선언을 적극 지지하면서 동포들에게 만세 운동을 널리 알렸어. 또한 만세 운동으로 드높아진 민족의식을 바탕으로 미주 한인 사회를 하나로 똘똘 뭉치게 하는 한편, 조국의 독립을 위해 힘을 보탰지. 그중 하나는 신한청년당 대표로 파리 강화 회의에 파견된 김규식 등 대표단에게 경비를 보낸 거야. 더불어 대한인 국민회 대표 안창호를 상하이 임시 정부로 파견했지. 미주 지역 대한인 국민회의 후원금이 없었더라면 임시 정부는 27년이라는 긴 세월 동안 그 명맥을 유지하기 어려웠을 거야.

·임시 정부의 조직 개편과 김구의 등장

대한민국 임시 정부가 수립될 당시 초대 국무총리에 이승만, 내무총장에는 안창호가 뽑혔어. 하지만 이승만은 상하이에 오지 않고 미국에서 임시 정부 직제(직무나 직위에 관한 제도)에도 없는 대통령 행세를 했지. 그래서 초기 임시 정부는 한동안 안창호가 이끌어 갔어. 그런 가운데 1919년 9월 임시 헌법을 개정해 임시 대통령 중심제를 채택하자 이승만은 그 이듬해인 1920년 12월에 상하이로 부임해 왔어.

이승만은 대한민국 임시 정부 수립 이전부터 국제 연맹에 청원서를 내어 우리나라를 위임 통치해 달라고 요청한 적이 있어. 이러한 이승만의 외교 노선에 다른 독립운동가들은 불만이 매우 많았지. 우리나라를 대신 통치해 달라고 남의 나라에 부탁하다니 불만이 많을 수밖에. 특히 무장 투쟁을 주장했던 이동휘, 신채호 등의 불만은 더욱 거셌어. 신채호는 이승만의 위임 통치 요청에 대해 맹렬히 비난했어.

"이승만은 이완용보다 더 큰 역적이오! 이완용은 존재하는 나라를 팔아먹었지만 이승만은 나라를 되찾기도 전에 팔아먹었으니 더 큰 역적이란 말이오!"

게다가 이승만은 미주에서 거둔 후원금을 자기 마음대로 썼다는 의혹까지 받았어. 그러니 임시 정부 요인들 사이에서 불신과 갈등의 골이 깊어질 수밖에. 이러한 일들로 무장 투쟁론자인 이동휘 같은 사람은 결국 상하이 임시 정부를 떠나 본거지 연해주로 돌아가기도 했지.

상하이 임시 정부 시절의 김구

임시 정부 인사들은 자체적으로 여러 가지 개혁을 단행했지만 의견이 분분해 쉽지 않았어. 결국 1925년 임시 의정원은 위임 통치론 문제와 미주 동포들의 후원금 문제로 물의를 일으킨 이승만 대통령을 탄핵하고 내각 책임제로 개헌하면서 대통령제를 국무령제로 고쳤어.

그리하여 만주에 있던 이상룡 선생을 초빙해 초대 국무령으로 선임했지만 만주 지역에 기반을 둔 각료들이 취임을 하지 않는 바람에 결국 실효를 거두지는 못했어. 새로 취임한 홍진 국무령도 전 민족이 대동단결해 민족을 대표하는 유일한 정당을 조직하려고 노력했지만 뚜렷한 진전을 보이지 못했지. 그러자 상하이 임시 정부는 마땅한 지도자가 없는 방향타를 잃은 난파선처럼 이리저리 떠다니게 되었어. 거의 무정부 상태라고 해도 틀리지 않을 정도로 혼란스러웠지.

한편, 마지막까지 임시 정부를 지켰던 김구와 임시 정부의 인연은 이렇게 시작해.

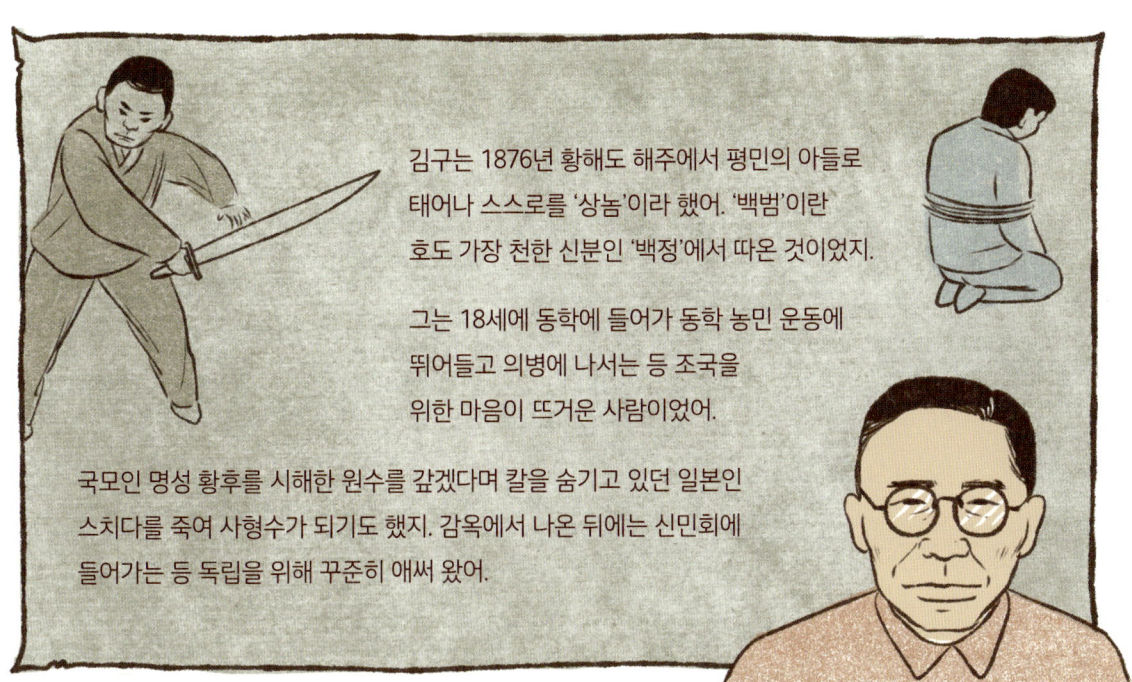

김구는 1876년 황해도 해주에서 평민의 아들로 태어나 스스로를 '상놈'이라 했어. '백범'이란 호도 가장 천한 신분인 '백정'에서 따온 것이었지.

그는 18세에 동학에 들어가 동학 농민 운동에 뛰어들고 의병에 나서는 등 조국을 위한 마음이 뜨거운 사람이었어.

국모인 명성 황후를 시해한 원수를 갚겠다며 칼을 숨기고 있던 일본인 스치다를 죽여 사형수가 되기도 했지. 감옥에서 나온 뒤에는 신민회에 들어가는 등 독립을 위해 꾸준히 애써 왔어.

첫 번째 것은 이유 될 것도 없고, 다음 것은 백범만 나서면 지원자가 있을 것이오.

임시 정부가 무정부 상태가 되는 것만은 제발 면하게 해 주시오.

임시 의정원 의장 이동녕

이렇게 해서 임시 정부 초기부터 함께했던 김구는 임시 정부 수반인 국무령 자리에 오르게 돼. 김구는 취임한 뒤 국무령제를 국무 위원제로 바꾸고 내각을 구성하지. 국무 위원제란 국무령이 큰 권한과 책임을 가졌던 국무령제와는 달리, 모두가 똑같이 권리와 책임을 지는 제도야.

·한인 애국단

김구가 국무령에 오르자 임시 정부는 일단 안정되었어. 하지만 여전히 재정이 몹시 부족해서 얼마 안 되는 임시 정부 청사의 집세조차도 내지 못하는 형편이었지.

이에 김구는 미국과 멕시코 등지의 해외 동포들에게 임시 정부의 어려운 사정을 알리고 후원금을 보내 달라는 편지를 보냈어. 하와이의 안창호 등 여러 동포가 답장을 보내왔지.

"당신이 임시 정부를 지키고 있는 것을 감사히 생각하오. 그대가 하고 싶은 사업은 무엇이오? 우리 민족에게 큰 도움이 되는 일이라면 돈을 마련해 보내겠소."

김구는 그들에게 일일이 답장을 보내며 의견을 주고받았어.

"미리 말하기는 곤란하오. 하지만 간절히 하고자 하는 일이 있으니, 돈을 모아 두었다가 보내 달라고 통지하면 그때 보내 주면 좋겠소."

"그리하겠소."

그 무렵 일제는 대한민국과 중국, 두 나라 국민들을 서로 멀어지게 하려는 술책으로 완바오산(만보산) 사건을 일으켰어.

완바오산 사건은 이렇게 시작되었어. 1931년 7월 2일 중국 지린성 장춘현 완바오산 지역에서 한국 농민과 중국 농민 사이에 수로 문제로 다툼이 불거졌어.

완바오산 200명 동포는 안전하고 평안합니다.
지금 만주와 그 밖의 중국 땅에 있는 우리 동포들은 무사합니다.
중국 백성들은 우리 동포들을 구타하지 않았습니다.
만주 및 중국에 있는 우리 동포들이 간절하게 요청합니다.
"국내에 있는 우리 동포들이여, 중국 사람들을 폭행하지 말아 주세요."
조선에 있는 중국 사람 8만 명에게 하는 일이 곧 중국에 있는 100만 우리 동포에게 돌아옵니다. 중국 사람들을 미워하고 그들을 폭행하는 일을 당장 멈추어 주십시오.

한인 애국단 1호 단원 이봉창(1931년 12월 13일)　　　김구와 한인 애국단 2호 단원 윤봉길(1932년 4월 26일)

　완바오산 사건에 이어 1931년 9월 18일 일본 관동군이 만주를 침략한 만주 사변으로 중국에서 한국인들은 설 자리를 점차 더 잃어 갔어. 김구 주석은 이러한 난국을 헤쳐 나가기 위한 특별 조치가 필요하다고 판단했어. 그래서 1931년 말에 비밀리에 '한인 애국단'이라는 단체를 만들었지. 한인 애국단은 일제의 주요 요인을 처단하고 주요 기관을 파괴하고자 만든 단체야. 임시 정부 국무 회의는 한인 애국단 단장인 김구에게 모든 권한을 위임했지. 한인 애국단 제1호 단원은 이봉창이었고, 제2호 단원은 윤봉길이었어.

수류탄이 커다란 폭발음을 내며 폭발했지만, 아쉽게도 일왕을 처단하지는 못했어. 이봉창은 그해 10월 10일 도쿄 이치가야 형무소에서 33세 나이로 순국했지.

이봉창의 의거 얼마 뒤, 실의에 빠진 김구에게 한 청년이 찾아와 나라를 위해 몸을 던질 일을 달라고 간청했어. 그는 충청남도 예산 출신인 윤봉길이란 사람이었어.

마침 일본은 상하이 사변(중국 상하이의 외국인 거주지 '조계지'에서 일어난 중국과 일본군의 무력 충돌 사건)에서의 승리를 축하하고 이에 겸해 일본 천왕 생일인 천장절을 경축하기 위해 4월 29일 오전 훙커우 공원(지금의 루쉰 공원)에서 성대한 기념행사를 치를 예정이었어. 이 정보를 들은 김구는 윤봉길에게 도시락 모양 폭탄과 물통형 폭탄을 건네면서 거사를 부탁했지.

거사를 계획한 그날 아침, 김구는 윤봉길과 함께 동포 김해산 집에서 마지막 아침밥을 먹었어. 김구가 윤봉길의 기색을 살펴보니 거사를 코앞에 두고도 아주 태연자약한 모습이야.

이윽고 오전 7시를 알리는 종소리가 들렸어. 윤봉길은 자신의 시계를 꺼내더니 김구에게 건네며 이렇게 말했어.

"선서식을 하고서 선생님 말씀 따라 산 시계입니다. 선생님 시계는 2원짜리이니 6원 주고 산 제 시계와 바꾸십시오. 저에게 시계가 필요한 시간은 이제 몇 시간뿐이니까요."

김구는 말없이 윤봉길의 시계를 건네받고는 자신의 시계를 풀어 윤봉길에게 주었어. 윤봉길은 훙커우 공원으로 떠나기 직전, 가지고 있던 돈도 꺼내 김구 손에 쥐여 주었지.

그러자 김구가 말했어.

"약간의 돈을 갖고 있는 것이 무슨 방해가 되겠는가?"

"아닙니다. 자동차 삯을 주고도 5, 6원은 남겠습니다. 부디 좋은 일에 써 주십시오."

곧 윤봉길을 태운 자동차가 움직이기 시작했어. 눈가가 촉촉해진 김구는 목멘 소리로 말했지.

"후일 지하에서 만나세."

몇 시간 뒤 훙커우 공원은 수많은 인파가 몰려 북적였어. 일본군은 겹겹이 삼엄한 경계를 펴고 있었지. 일왕 천장절 기념식 단상에는 일본의 시라카와 육군 대장과 우에다 육군 중장, 제3 함대 사령관 노무라 해군 중장, 주중 일본 공사 시게미쓰, 상하이 일본 총영사 무라이, 상하이 일본인 거류민단 단장 가와바다, 일본인 거류민단 서기장 도모노 등이 나란히 서 있었어.

오전 11시 40분, 전승 축하식을 거행하며 일본 국가 기미가요가 울려 퍼졌어. 기미가요가 거의 끝나 갈 무렵, 윤봉길은 지금이 바로 하늘이 준 기회라 여기고 물통형 폭탄의 안전핀을 뽑았어. 그러고는 기념식장 한복판을 향해 폭탄을 있는 힘껏 던졌지.

폭탄은 포물선을 그리며 쭉 날아가 단상 한가운데에 떨어졌어. 이내 천지를 뒤흔드는 폭발음과 함께 기미가요의 남은 부분마저도 산산이 조각 나 버렸지.

윤봉길이 던진 폭탄에 일본인 거류민단 단장 가와바다는 그 자리에서 숨을 거뒀고, 일본군 사령관 시라카와 대장도 중상을 입고 한 달 뒤에

눈을 감았어. 노무라 중장, 우에다 중장, 시게미쓰 공사는 중상을 입었지.

폭탄을 던지고 나서 윤봉길은 소리 높여 외쳤어.

"대한 독립 만세! 대한 독립 만세! 대한 독립 만세!"

우리 민족 항쟁의 불기둥과도 같은 윤봉길의 '4·29 훙커우 공원 의거'는 기고만장하던 일제의 기세를 한순간에 꺾어 버린 가슴 벅차고도 장한 일이었어.

1932년 상하이 사변 당시 30만 명이나 되는 중국군은 일본군을 막지

못했어. 그런데 한인 애국단의 윤봉길이 혼자 적진 깊숙이 들어가 일제의 주요 인사들을 시원하게 해치운 거야. 이 거사에 중국 정부는 물론 중국 국민들도 크게 놀라며 감탄했어.

당시 중국군 사령관 장제스(장개석)는 "중국의 백만 대군도 못 한 일을 조선의 한 청년이 해냈다."라고 격찬하며 대한민국 임시 정부에 대폭적인 지원을 하겠다고 약속할 정도였어.

당시는 1년 전 일어났던 완바오산 사건으로 한국 민간인들과 중국 민간인들 사이에 감정 대립이 심각했잖아. 그런데 이번 한인 애국단 윤봉길의 굳센 투쟁으로 한·중 민간인 사이의 갈등이 한꺼번에 해소되었어.

이렇듯 윤봉길의 훙커우 공원 의거는 여러 방면으로 커다란 반향을 일으켰지만, 한편으로는 이 일로 일제의 탄압이 더욱 거세지면서 대한민국 임시 정부는 고난의 길을 걷게 돼.

일제는 이봉창과 윤봉길의 의거를 계기로 상하이에 거주하는 조선인들을 모조리 수색하라고 '중국 국민당' 정부에 압력을 넣었거든. 또 김구에게는 20만 원(지금의 약 2억 원)이라는 거액의 현상금을 걸었지. 이것으로 끝난 게 아니야. 임시 정부가 있는 상하이의 프랑스 조계지에도 압력을 넣어 경찰들이 움직이기 시작했어.

결국 대한민국 임시 정부는 상하이를 떠날 수밖에 없었어.

◎ 고난의 대장정을 떠나다 (1932~1940년)

　대한민국 임시 정부는 1932년 상하이를 탈출해 1940년 충칭에 정착하기까지 장장 8년을 떠돌았어. 임시 정부 역사 27년 가운데 어렵지 않은 시기가 없었지만 떠돌아야 했던 이 시기가 가장 힘들었지. 단 하루도 마음 편히 쉴 곳이 없던 고난의 시간이었거든.

　초기에는 항저우(항주, 1932년 5월)와 전장(진강), 난징(1933, 1935년)으로 이동했다가 1937년 중일 전쟁이 일어나면서 전쟁터가 사방으로 확대되자 다시 창사(장사, 1938년 2월), 광저우(광주, 1938년 7월), 류저우(유주, 1938년 10월), 치장(기강, 1939년 3월)으로 옮겨 다녀야 했어. 중간에 작은 지역들도 거쳤어. 그러다 마침내 1940년 중국이 전쟁 중에 수도로 삼은 충칭(중경)에 정착하기까지 임시 정부는 여기저기 떠돌며 기나긴 노정을 걸었던 거야.

·임시 정부, 상하이를 떠나 떠돌다

　"윤봉길 의사의 의거는 내가 주도한 것이다."

　윤봉길 의거가 성공한 뒤 김구는 자신이 그 거사를 주도했다는 성명을 발표했어. 그러자 일제는 김구를 체포하는 데 열을 올리기 시작했지.

　"무슨 수를 써서라도 당장 김구를 잡아들여라!"

　다급해진 김구는 상하이에서 선교사로 활동하던 조지 애시모어 피치 목사 부부를 찾아갔어. 피치 목사와 그의 아내 제랄딘은 당시 우리나라

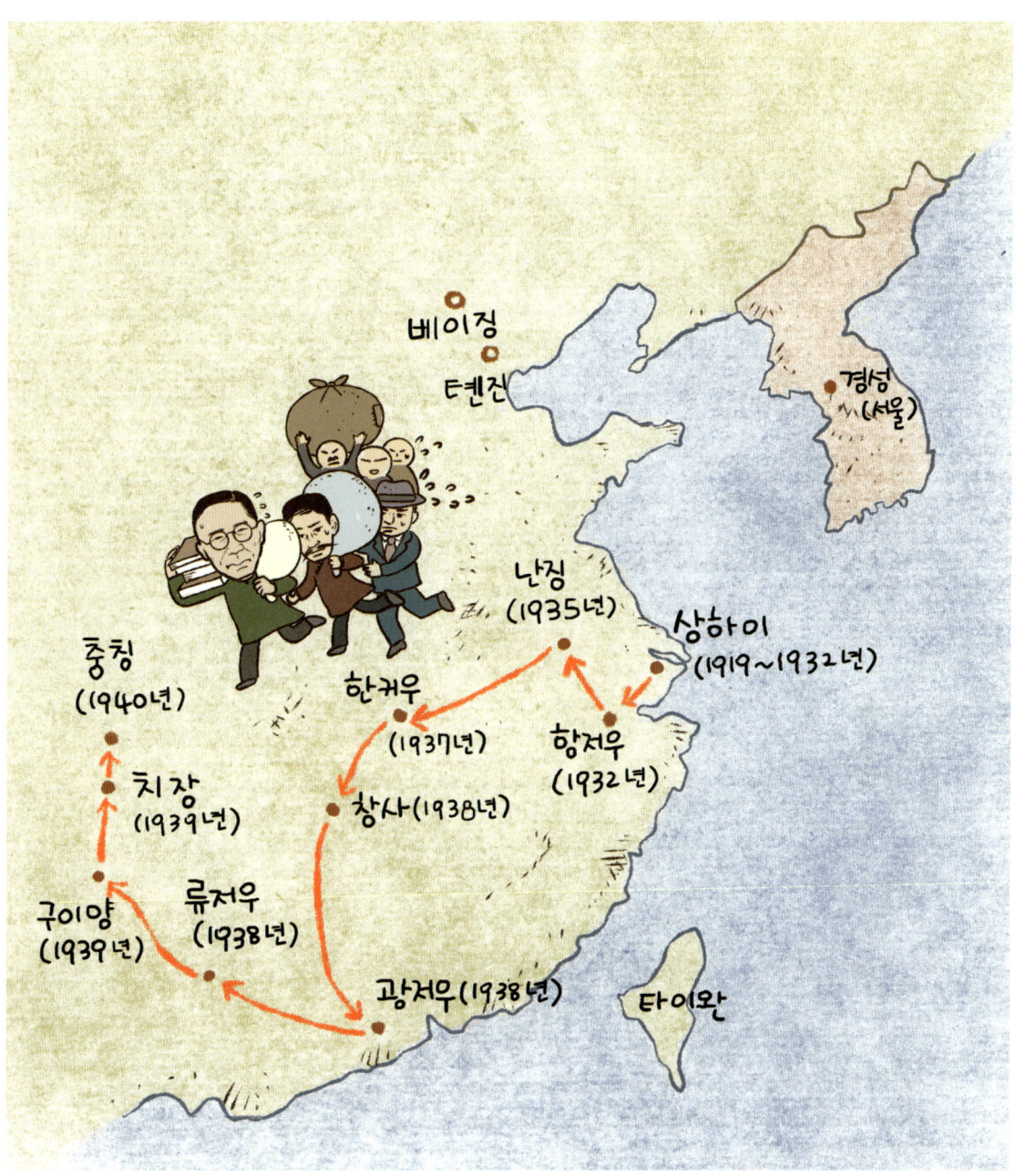

의 독립운동가들을 도와주던 사람들이야.

"피치 부인, 죄송하지만 이번에도 신세를 져야겠습니다. 제가 숨을 곳이 있을까요?"

"걱정 마세요. 여기 상하이와 항저우 사이에 자싱(가흥)이라는 곳이 있는데, 거기라면 안전할 거예요. 뒷일은 제가 알아서 할 테니 일단 그쪽으로 가세요."

경찰이 임시 정부 청사를 수색할 즈음, 김구는 피치 부부의 도움으로 경계가 삼엄한 상하이를 무사히 탈출할 수 있었어.

자싱에 도착한 김구는 뱃사공 아이바오를 찾아갔어. 아이바오는 처음에 김구를 중국 광둥인으로 알고 적극 도왔어.

김구는 자싱에서 아이바오의 도움으로 밤에는 호수에서 머무르고, 낮에는 은거지에서 생활했어. 김구가 호수에서 은거지로 돌아올 때는 창가에 널어 놓은 빨래의 색깔에 따라 위기 여부를 가릴 수 있었지.

이 시기에 김구는 장제스와 면담을 가졌어. 사실 한인 애국단 거사 이전에 중국 정부가 대한민국 임시 정부를 도와준 일은 거의 없었어. 일본에게 꼬투리 잡히지 않겠다는 생각이었지. 하지만 한인 애국단 거사 이후에는 중국 정부뿐 아니라 중국인들조차도 모두 대한민국 임시 정부를 응원하고 나섰어.

"고맙습니다. 나라를 되찾으려면 군대가 필요합니다. 허난성에 있는 '낙양 군관 학교'에서 우리 한인들이 군사 교육을 받을 수 있게 도와주십시

대한민국 임시 정부 사람들과 주푸청 가족
김구(뒷줄 오른쪽 세 번째)와 임시 정부 요인들이 떠돌던 시절, 이들을 도와준 중국인 가족. 임시 정부 인사들은 많은 중국인들의 도움을 받았다. 특히 중국 저장성 자싱의 혁명지사 주푸청은 김구가 자싱에서 피신해 있을 때 큰 도움을 준 사람이다. 거액의 현상금이 걸려 있던 김구를 신고하지 않고 끝까지 숨겨 줬다.

오. 그렇다고 우리가 중국 교육을 받겠다는 것은 아닙니다. 비용과 시설만 제공해 주시면 나머지는 우리 식대로 꾸려 나가겠습니다."

이렇듯 김구는 일제의 밀정들을 따돌리며 숨죽여 지내면서도 도움을 받을 만한 주요 인사를 만나거나 국무 회의를 하는 등, 피란지에서도 임시 정부의 활동을 쉼 없이 계속해 나갔어.

항저우에 머물던 대한민국 임시 정부는 1935년 11월 중국 국민당 정부와 가까운 내륙 난징(남경) 방향으로 이동해 전장(진강)에 자리를 잡았어.

임시 정부는 이곳에 머물면서도 세 번 넘게 이사를 하게 돼. 이 도시들 역시 일본 밀정들이 많았거든.

그리고 1937년 7월 중일 전쟁이 발발했어.

·조선 의용대

한편 200여 명에 이르는 조선 청년들이 우한(무한)에 집결해 있었어. 일본군과 대적하던 중국군이 패전을 거듭하자 김원봉을 중심으로 한 민족 혁명당 동지들이 중국 정부 당국과 협의해 조선 청년들을 참전시키기로 했거든. 이를 위해 한국 독립 무장 부대인 조선 의용대를 창설했지.

김원봉은 경상남도 밀양 출신으로, 만주로 망명해 동지 12명과 의열단

조선 의용대와 김원봉. 맨 앞줄 가장 가운데가 대장 김원봉이다.

을 결성하고 단장을 맡았던 인물이야. 의열단은 국내로 폭탄을 들여와 일본 관공서를 폭파하고 일본 요인을 암살하는 등 격렬한 무력 항쟁을 펼쳐 1920년대 독립운동 역사에 큰 발자취를 남긴 단체야. 조선 의용대 초기에는 병력이 미미했어. 그래서 전선에 직접 투입되지 않고 후방에서 적진을 교란하거나 첩보 및 선전 활동에 주력했지. 처음에 200여 명에 지나지 않았던 병력이 1940년 초에는 300명을 넘기기도 했어.

조선 의용대는 우리 청년으로 구성된 독자적 부대로, 중·일 간의 국제전에 처음 참전했다는 데 그 의의가 매우 커.

·충칭에 정착해 한국광복군을 결성하다

1938년 7월에 임시 정부는 창사를 떠나 광둥성 광저우로 옮겨 갔어. 임시 정부는 광저우 시내에 연락처를 두고서 서쪽으로 25킬로미터 떨어진 불산에 자리를 잡았어. 그런데 거기에도 일본군이 주둔하고 있는 거야. 그래서 허겁지겁 짐을 꾸려 광저우를 탈출했지. 그 뒤로도 임시 정부는 여러 곳으로 장소를 옮겨야 했어. 100명이 넘는 사람들이 짐을 싸고 이고 지고 버스로 배로 이동하는 게 보통 일은 아니었지.

1940년 9월 임시 정부는 충칭에 자리를 잡았어. 그리고 그곳에서 한국광복군 창설에 모든 힘을 쏟아. 한국광복군은 1940년 9월 17일 창설된 이후 1945년 8월 15일 해방이 되는 그날까지 대한민국 임시 정부의 정규 무장 군대로서 대일 투쟁을 벌였던 조직이야. 대한민국 국군의 모체라 할 수 있어.

한국광복군은 한국과 중국, 두 나라의 독립을 위해 일본 제국주의를 타도하고 연합국의 일원으로 그 역할을 다할 생각이었지. 그러던 어느 날 중국 측에서 찾아왔어.

"나라를 되찾는 데 군대가 필요하다는 것은 인정합니다."

"네, 나라를 되찾고 다시 빼앗기지 않으려면 군대가 반드시 필요합니다."

"그렇지만 여기는 엄연히 중국 땅입니다. 중국 땅에서 다른 나라 군대가 마음대로 움직인다는 것은 받아들일 수 없습니다. 앞으로 광복군은 '중국 군사 위원회'의 감독을 받도록 하십시오."

"……."

내키지 않았지만 어쩔 수 없었어. 한국광복군은 우리나라 군대이지만 그걸 세운 곳은 다른 나라 땅이잖아. 어쩔 수 없이 활동에 많은 제약이 따랐지.

한국광복군이 창설되고 나서 중국 국민당 정부의 요구로 조선 의용대 김원봉 대장이 의용대를 이끌고 임시 정부를 찾아왔어.

"이제 우리나라의 정식 군대인 한국광복군이 창설됐으니 힘을 모아야 하지 않겠습니까? 조선 의용대도 힘을 합치겠습니다."

"고맙소, 김원봉 대장! 우리 모두 뜻을 모아 조국의 독립을 이룩합시다!"

1942년 4월에는 임시 정부 국무 회의에서 조선 의용대를 한국광복군에 편입하기로 결정했어. 그해 5월 총대장 김원봉은 한국광복군 부사령관과

제1 지대장을 겸하게 되었지.

이후 산발적으로 생겨났던 여러 독립 군대들이 한국광복군 안으로 편입되었지. 힘을 하나로 모아 더욱 강해지기 위해서.

·좌우 합작 임시 정부를 구성하다

임시 정부 내 요인들의 좌우익 대립은 정부 수립 초기부터 내분의 커다란 불씨였어. 좌익이란 공산주의 또는 사회주의 계열을 의미하고, 우익이란 민족주의 또는 자본주의 계열을 의미해. 임시 정부 내에서도 좌우익은 늘 대립했지.

그러다가 1944년 4월 충칭 시절에 마침내 한국 독립운동계의 모든 망명 세력이 참여해 '좌우 합작 임시 정부'를 구성했어. 이로써 대한민국 임시 정부는 오랜 숙원이었던 통일 정부를 이루어 대내외로 위상을 크게 높였어.

대한민국 임시 정부 8년여에 걸친 이동 기간은 고난과 역경의 나날이었지만, 그 어느 한 순간도 정부 역할을 잊은 적 없는 영광의 시기이기도 했어.

◎ 충칭에서 대일 항쟁을 준비하다 〔1940~1945년〕

충칭 시기는 대한민국 임시 정부 27년 중 가장 강력한 조직과 체제를 갖추고 활동한 시기였어. 1940년에는 한국광복군을 창설해 대일 전선에 적극 참여했고, 1941년 태평양 전쟁이 일어나자 일본에 선전 포고를 하기도 했지. 또한 「대한민국 건국 강령」을 발표해 광복 후 자주독립 국가 재건 계획을 밝혔어.

·삼균주의로 나라의 기틀을 잡다

새로운 강령을 정하기 위해 임시 정부의 여러 사람들이 한자리에 모두 모였어.

"오늘 우리나라가 나아가야 할 방향을 정하기 위해 이 자리에 모였습니다. 먼저 조소앙 외무부장께서 우리 임시 정부의 새로운 강령에 대해 말씀해 주십시오."

"저는 '삼균주의'에 입각한 강령을 우리 정부의 방향으로 삼았으면 합니다."

"좀 더 설명을 해 주시겠습니까?"

"세 가지, 그러니까 개인과 개인, 민족과 민족, 국가와 국가의 완전한 균등을 말합니다."

"그럼 '개인과 개인'은 무엇을 뜻합니까?"

"개인과 개인의 균등은 경제, 교육, 정치를 통해 이루어져야 한다고 생각합니다. 다시 말해, 경제적으로 고르게 풍요로워지고 누구나 교육을 받아 인간답게 살아가고 누구나 투표를 통해 자기의 정치적 생각을 표현할 수 있다면 개인과 개인이 차별 없이 균등해지지 않을까 싶습니다!"

"좋은 말씀입니다. '민족과 민족'의 균등에 대해서도 좀 더 설명 부탁드립니다."

"네. 우리 민족뿐만 아니라 모든 민족이 균등하게 살아가려면 자기 민족의 일은 다른 민족의 간섭을 받지 않고 스스로 결정할 수 있어야 한다는 뜻입니다."

"우리 임시 정부 안에서도 입장이 서로 달라 의견 차이가 많지만 이런 내용이라면 모두 수긍할 수 있으리라 생각합니다."

"마지막으로, '국가와 국가'의 균등은 무엇을 뜻합니까?"

"국가와 국가 간의 균등이 이루어지려면 다른 나라를 식민지화하거나 침략 전쟁 벌이는 일을 멈춰야 한다는 뜻입니다."

1941년 11월 28일 임시 정부는 국무 회의를 통해 새로운 민주 국가 건설을 위해 외무부장 조소앙이 주장한 삼균주의에 입각한 「대한민국 건국 강령」을 발표했어.

조소앙은 우리 독립운동사에 매우 중요한 인물로, 1905년 을사늑약이 체결되었을 때 일기에 이런 글을 남기기도 했어.

> 오늘 같은 수치심은 처음 느꼈다. 500년 사직이 하루아침에 무너지는 듯하다. 2000만 국민이 일시에 노예가 되지 않았는가! 가슴이 터져 나가는 것 같다.

·일본과 독일에 선전 포고를 하다

한편 임시 정부는 1944년이 되어서야 비로소 한국광복군의 통수권을 넘겨받을 수 있었어. 다시 말해 스스로 군대를 지휘해 나라를 되찾기 위한 군사 작전을 펼칠 수 있게 되었다는 거지.

대한민국 임시 정부는 1941년 12월 10일 「대한민국 임시 정부 대일 선전 성명서」를 발표했어. 그해 12월 8일 일본의 진주만 습격으로 태평양 전쟁이 일어나자 12월 9일 대한민국 임시 정부 국무 회의에서 의결해 일본에 선전 포고를 하기로 했어.

> 우리는 3000만 한국인과 대한민국 임시 정부를 대표하여 중국·영국·미국·네덜란드·캐나다·오스트레일리아 및 기타 여러 나라가 일본에 대하여 전쟁을 선포한 것을 삼가 축하한다. 그것이 일본을 무너뜨리고 동아시아를 다시 세우는 가장 유효한 수단이 되기 때문이다.

이것도 다 한국광복군이라는 대한민국의 군대가 있었기에 가능한 일이었던 거야.

· 카이로 선언에서 한국의 독립을 보장받다

제2차 세계 대전이 한창이던 1943년 11월 27일에 연합국 지도자인 미국의 루스벨트, 영국의 처칠, 중국의 장제스가 이집트의 카이로에 모인다는 소식이 들려왔어. 이 회담을 '카이로 회담'이라고 하는데, 회담을 앞두고 대한민국 임시 정부는 정신없이 바빴지. 김구 주석은 조소앙 외무부장 등 임시 정부 요인 5명과 함께 중국 국민 정부 대원수 장제스를 찾아갔어.

"어서 오세요. 나라를 떠나 독립운동을 하시느라 고생이 많으십니다."

"고맙습니다. 11월 27일 카이로에서 연합국 지도자들이 모여 회담을 한다고 들었습니다."

"네, 그렇습니다."

"그 회담에서 한국의 독립을 강력히 주장해 주실 것을 요청드리러 왔습니다."

"알겠습니다. 할 수 있는 데까지 노력해 보겠습니다."

마침내 1943년 11월 27일이 되었어. 자, 연합국 지도자들이 무슨 이야기를 나누었는지 한번 들어 볼까?

"여기에 모인 미국, 영국, 중국은 일본의 침략을 막기 위해 힘을 모읍시다."

"우리 세 나라는 어떤 이득도 요구하지 않으며 영토 확장의 뜻도 없다는 걸 분명히 합시다."

"또한 제1차 세계 대전 이후 일본이 빼앗은 태평양의 섬을 다시 본래 나라에 돌려주고, 만주와 타이완 등도 중국에 돌려줘야 합니다."

"참, 일본의 침략으로 고통받고 있는 한국도 독립을 해야 하지 않겠습니까?"

약속대로 중국의 장제스는 우리의 독립을 주장했어.

"그 문제는 적절한 시기에 적절한 절차를 거쳐서 결정하는 게 어떻겠습니까?"

카이로 회담에서는 대한민국 국민들이 노예 상태에 있다는 점에 관심을 기울이고, 앞으로 적절한 절차를 밟아 대한민국이 자유롭고 독립된 국가가 되도록 해야 한다고 결정했지.

회담이 끝난 뒤 세 나라는 선언문에 특별 조항을 넣었어. 아쉬움이 남긴 하지만 대한민국의 독립 문제가 처음으로 국제 사회에서 거론되고 보장을 받은 거였어.

그런데 미국의 입장은 달랐던 것 같아. 미국은 '적절한 절차'를 거친다는 조항을 달아 그때부터 일정한 기간 동안 신탁 통치를 하려고 구상하고 있었던 모양이야.

한편 앞서 결성된 한국광복군은 연합국과의 공동 작전에 적극 참여하며 독립을 앞당기려 했어. 1943년 8월 영국군과 공동 작전을 수행하기 위해 인도·버마(지금의 미얀마) 전선에 공작대를 파견하기도 했지.

1945년에는 한국광복군에서 선발된 요원들이 OSS(Office of Strategic Service, 전략 사무국)에서 국내 진공을 위한 군사 훈련을 받았어. 이 훈련에는 광복군 3개 지대 가운데 2개 지대가 참가했지.

OSS는 제2차 세계 대전 중에 창설되었는데, 주로 정보를 수집하고 유격대 활동을 하거나 적의 후방에서 적들에게 혼란을 주는 임무를 수행하는 전략 첩보 기구야.

한국광복군 2개 지대가 OSS 훈련을 끝마치자 미국 측 OSS 총책임자 윌리엄 도너번 소장은 그 자리에서 한미 공동 작전이 실행될 것이라고 선언했어.

"오늘 지금 이 시간부터 아메리카 합중국(미국)과 대한민국 임시 정부의 적 일본을 소탕하는 비밀 공작이 시작되었다!"

이로써 한국광복군 요원들은 국내로 침투해 OSS와 공동으로 첩보 활동을 전개할 예정이었지. 이 '국내 정진군'은 각 도 단위로 활동 구역을 정하고 모든 준비를 마친 뒤 이제 출발 명령만을 기다리고 있었어.

대한민국 임시 정부 김구 주석과 미국 OSS 총책임자 윌리엄 도너번

한국광복군 대원들. 왼쪽부터 노능서, 김준엽, 장준하이다.

03

해방과 대한민국 임시 정부의 귀국

1. 일제의 항복

김구에게 일본의 항복은 기쁜 소식이라기보다 하늘이 무너지고 땅이 꺼지는 것만 같은 소식이었어.

'수년 동안 애써 대일전 참전을 준비한 게 허사가 되었다. 우리 겨레의 희생이 없는 광복, 외세에 의한 광복이 우리 민족의 발목을 잡게 될 것이다! 광복 이후 임시 정부의 발언권도 약해질 게 뻔하다! 아, 허무하고, 허무하다!'

사실 일제의 항복은 너무나 갑작스러운 일이었어. 미국조차 예상하지 못했지. 미국은 1946년 봄부터 일본 본토에 상륙한다는 작전 계획을 세워 놓았었거든. 한국광복군도 그때를 대비하고 있었지.

최후의 1인까지 항전하겠다던 일본은 왜 갑자기 연합국에게 항복했을까? 바로 미국이 1945년 8월 6일 일본 히로시마와 8월 9일 나가사키에 떨어뜨린 원자 폭탄 '리틀보이(Little Boy)'와 '팻 맨(Fat Man)' 때문이야. 원자 폭탄으로 두 도시 전체가 날아가 버렸거든. 히로시마에서는 그날 하루 7만 명, 나가사키에서도 7만 5000명이 그 자리에서 목숨을 잃었다고 해. 원자 폭탄의 어마어마한 위력 앞에서는 일본도 어쩔 수 없었던 거지. 게다가 소련(지금의 러시아)이 일본에 선전포고를 했거든. 일본은 제네바에 있는 국제 연합 본부를 통해 연합국에 무조건 항복한다는 뜻을 전했어.

김구의 걱정은 틀리지 않았어. 일본의 항복에 미국은 매우 다급해졌어. 당시 미군은 오키나와에 있었고, 지리적으로 가까운 소련군이 한반도를 통째로 점령할 수도 있는 상황이었으니까.

1945년 8월 15일 낮 12시, 라디오에서 정오를 알리는 시보가 울렸어. 조금 뒤 일왕 히로히토의 목소리가 흘러나왔지. 다소 떨리는 목소리였어.

"짐은 깊이 세계의 대세와 제국의 현상에 감하여 비상조치로써 시국을 수습하고자 여기 충량한 그대들 신민에게 고하노라. 짐은 제국 정부로 하여금 미·영·소·중 4국에 대하여 그 공동 선언을 수락할 뜻을 통고케 하였다. ……"

철옹성 같았던 일본 제국주의가 한순간에 허물어지는, 스스로 태평양 전쟁의 패배를 받아들이는 항복 방송이었어.

김구는 일제의 항복 소식을 듣고 곧바로 한국광복군 제2지대 본부로 달려갔어. 미군들은 기뻐 날뛰고 있었지만 한국광복군 대원들은 낙심했어.

김구는 이범석 지대장과 협의해 한국광복군 대원을 선발해 '국내 정진군'을 편성하고, 이들을 국내에 선발대로 들여보내기로 했어. 미군 OSS 측도 이러한 결정에 동의했지.

이들을 태운 비행기는 1945년 8월 18일 국내에 진입해 여의도 비행장에 도착했어. 하지만 일본군이 이들을 포위하고 국내에서 활동을 하지 못하게 막았지. 상부에서 지시가 없다는 이유였지. 어쩔 수 없이 그들은 중국으로 비행기를 돌려야 했어.

임시 정부는 어떻게 해서든지 한국광복군을 앞세워 국내 진입 작전을 수행하려고 했어. 영국에서 독립운동을 펼치던 프랑스의 드골 장군이 군대를 이끌고 파리에 입성했듯이, 임시 정부도 그렇게 하고자 했지. 하지만 일제는 예상보다 일찍 항복해 버렸고, 미국 또한 도와주지 않았어. 임시 정부로서는 앞이 보이지 않는 캄캄한 상황이었지. 해방은 되었지만 임시 정부의 앞날은 김구 주석의 탄식처럼 흘러가게 되었어.

2. 대한민국 임시 정부의 귀국

일제 패망 이후 대한민국 임시 정부가 국내로 돌아오는 데는 석 달이나 걸렸어. 임시 정부는 현 정부 그대로 국내로 들어와 국민들에게 정부를 돌려준다는 방침이었어. 하지만 그대로 돌아올 수가 없었지. 큰 장애물이 있었거든. 미군과 소련군이 이미 북위 삼십팔도선을 경계로 한반도에 주둔해 있었어. 나라가 독립되었음에도 대한민국 임시 정부가 국내로 들어오려면 이들의 양해와 협조를 받아야 했어.

임시 정부는 중국, 미국과 귀국 문제를 의논하고 의견을 절충했어. 중국은 임시 정부가 조국으로 돌아가 하루빨리 정식 정부를 수립할 수 있기를 바라며 적극 지원하겠다고 밝혔어. 그뿐 아니라 충칭에서 상하이로 이동하는 교통편을 비롯해 귀국에 필요한 자금도 지원해 주었지.

하지만 문제는 미국이었어. 미국은 임시 정부를 승인하지 않았거든.

임시 정부 귀국 문제에 대해 미국 내에서도 여러 가지 의견이 있었어. 국내 사정을 잘 알고 있던 미군정은 임시 정부를 귀국시켜 정치적으로 활용하는 방안을 갖고 있었어. 그해 9월 7일 국내 일부 인사들은 임시 정부를 지지하고 그들의 귀국을 촉구하는 국민 대회를 추진했어. 미군정은 한국 국민들이 임시 정부에 대해 가지고 있는 지지와 기대를 잘 알고 있었어.

하지만 미 국무부는 달랐지. 그들은 임시 정부가 정부로서 귀국하는 것을 허락할 수 없다는 입장이었어. 며칠 뒤 미 국무부는 주중 미국 대사에게 임시 정부 요인들이 개인 자격으로 귀국한다면 반대하지 않겠다는 지침을 전달했어. 임시 정부를 승인하지 않던 미국은 임시 정부 이름으로 귀국하는 것을 끝까지 반대한 거야. 미 국무부는 미군정의 임시 정부 활용 방안에 대해서도 정부 자격이 아니라 개인 자격으로 활용해야 한다고, 맥아더에게 통보했어.

당연히 임시 정부는 이를 받아들일 수 없었지. 그래서 대한민국 임시 정부의 이름으로 들어가기 위해 백방으로 노력을 기울였어. 당시 미국과 교섭할 창구마저도 없었기에 김구 주석은 외무부장을 통해 주미 중국 대사에게 임시 정부 이름으로 들어갈 수 있도록 미국과 협상해 줄 것을 부탁하고, 주중 미국 대사관을 찾아가 임시 정부의 귀국을 요청하기도 했어. 미 국무부와 대통령에게 서신을 보내기도 했고.

중국 정부도 임시 정부에 대한 지원을 아끼지 않았어. 장제스는 도쿄에 있는 맥아더와 몇 차례 협상을 벌였어.

하지만 미국은 끝내 임시 정부가 임시 정부 이름으로 귀국하는 것을 허락하지 않았어.

그런 가운데 11월 5일에 충칭에 있던 임시 정부는 상하이로 이동했어. 상하이에서 임시 정부 이름으로 본국에 들어가야 한다고 버텼지만 미국은 계속 요지부동이었어. 임시 정부 국무 위원들 가운데는 개인 자격으로 들어가느니 차라리 귀국하지 않고 때를 기다리다가 미국이 물러나면 들어가자고 주장하는 사람도 있었어.

그렇지만 1945년 11월 19일에 결국 김구는 임시 정부 요인들이 개인 자격으로 귀국하고, 귀국 이후에도 정부로서 행세하지 않겠으며, 미군정에 협조한다는 서약서를 하지 주한 미군 사령관에게 제출했어. 어쩔 수 없이 미국의 요구를 받아들일 수밖에 없었던 거야.

미국은 임시 정부를 불신하고 있었어. 임시 정부는 중국에서 활동했고, 더구나 장제스 정부의 적극적인 지원을 받았으니, 임시 정부가 국내로 들어와 정권을 잡으면 친중국 정권이 되리라고 우려했던 거지. 당시 미국은 한반도에 친미 정권을 수립하려 했거든.

비록 임시 정부 요인들이 개인 자격으로 입국했지만 대부분 국민들은 그렇게 생각하지 않았어. 임시 정부 요인들이 귀국한 사실이 알려지자 김구 주석이 머물고 있는 경교장에 시민들이 몰려들었지. 경교장으로 이어지는 서대문 길이 사람들 물결로 가득 찼어. 거리에 몰려온 시민들은 임시 정부와 김구 주석을 소리 높여 부르며 열렬히 환영했어.

대한민국 임시 정부 김구 주석은 귀국한 날 오후 늦게 경교장에서 귀국 기자 회견을 가졌어.

"김구 주석님, 우선 고국으로 돌아오신 것을 환영합니다. 지금 나라 안팎이 매우 혼란스럽습니다. 그중에서도 가장 시급해 보이는 삼십팔도선 문제에 대해 어떻게 생각하십니까?"

"나는 조선이 남북 두 점령 지대로 분열되어 있는 것이 옳지 않다고 생각합니다. 장차 이 구분은 철폐되리라 믿습니다. 미국과 소련은 우리나라를 위해 반드시 옳은 일을 해 줄 것입니다."

"주석님과 임시 정부 요인분들은 지금 어떤 자격으로 입국하신 건가요?"

"나와 나의 동지들은 개인 자격으로 귀국했습니다."

한편 외무부장 조소앙과 의정원장 홍진 등 제2진은 12월 1일에 귀국했어. 이들은 날씨 탓에 김포 비행장에 내리지도 못하고 군산 비행장으로 향했어. 그러고는 다음 날에야 서울에 도착했지. 제1진보다 더 초라한 귀국이었어.

1945년 12월 19일 오전 11시 서울 운동장(지금의 동대문 운동장)에서 열린 대한민국 임시 정부 귀국 환영 대회에는 15만 인파가 모여들었어. 이 환영 대회는 임시 정부 요인 입장, 태극기 게양, 애국가 제창, '이화 여자 전문학교' 합창단의 환영가 제창 등의 순서로 화려하게 진행되었어. 이 자리에서 김구는 환영 대회 답사를 했어.

사랑하는 동포 여러분!

지금 우리는 국토와 백성들이 해방된 이 기초 위에서, 우리의 독립 주권을 창조하는 것이 무엇보다도 긴급하고 중대한 임무입니다. 우리가 이 임무를 달성하자면 오직 3·1 대혁명의 민주 단결 정신을 계속 떨쳐 일으켜야 합니다. 남과 북의 동포가 단결해야 하고, 좌파와 우파가 단결해야 하고, 남녀노소가 다 단결해야 합니다. 우리 민족 개개인의 혈관 속에는 다 같이 단군 할아버지의 성스러운 피가 흐르고 있습니다. 극소수 친일파 민족 반역자들을 제외한 모든 대한민국 동포는 마치 한 사람같이 굳게 단결해야 합니다. 오직 이러한 단결이 있은 뒤에야 비로소 우리의 독립 주권을 창조할 수 있고, 삼십팔도선을 물리쳐 없앨 수 있고, 친일파 민족 반역자들을 숙청할 수 있습니다. 나는 의심치 않고 확언합니다. 유구한 문화와 역사를 가진 우수한 우리 민족은 위기에 반드시 단결할 것입니다. ……

그러나 역사는 김구의 주장대로 흘러가지 않았어. 1948년 1월 7일 UN 총회의 결의에 따라 설치된 'UN 한국 임시 위원단'이 입국해 업무를 수행하기 시작했지. 그러나 소련이 UN 한국 임시 위원단의 북쪽 입국을 거부하자 미국은 "선거가 가능한 지역에서만이라도 총선거를 실시한다."라는 UN 소총회 결의를 빌려 삼십팔도선 이남에서 단독 선거를 실시하겠다고 밝혔어.

단독 선거가 분단 정부 수립으로 이어질 상황에 이르자 1948년 2월 10일에 김구는 '삼천만 동포에게 울면서 알린다'라는 성명을 발표해.

> 나는 통일된 조국을 건설하려다가 삼팔선을 베고 쓰러질지언정 일신에 구차한 안일을 취하여 단독 정부를 세우는 데 협력하지 않겠다.
> 나는 내 생전에 삼팔선 이북에 가고 싶다. 그쪽 동포들도 제 집을 찾아가는 것을 보고서 죽고 싶다. 궂은날을 당할 때마다 삼팔선을 싸고도는 원귀의 곡소리가 내 귀에 들리는 것 같다.

김구는 마지막으로 국토 분단을 막고자 1948년 4월 19일 평양에서 열리는 '전 조선 정당 사회단체' 대표자 연석회의에 참석차 북행길에 올랐어. 하지만 끝내 분단을 막지 못했지. 그때 김구가 남북 동포에게 남긴 마지막 말이야.

위도로서 삼팔선은 영원히 존재할 것이지만, 조국을 분단하는 외국 군대들의 경계선으로서의 삼팔선은 일각이라도 존속시킬 수 없는 것이다. 삼팔선 때문에 우리에게 통일과 독립이 없고 자주와 민주도 없다. 어찌 그뿐이랴. 대중의 기아가 있고, 가정의 이산이 있고, 동족상잔까지 있게 되는 것이다.

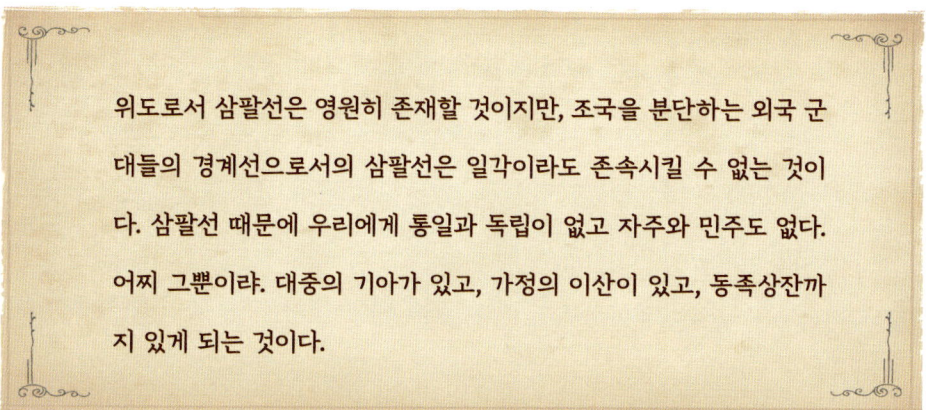

1948년 4월 19일, 비서 선우진, 김구, 김구의 아들 김신이 '전 조선 정당 사회단체' 대표자 연석회의에 참석하기 위해 북쪽으로 넘어가면서 삼팔선에 서 있다.

1948년 8월 15일 북위 삼십팔도선 이남에는 대한민국 정부가 수립되었고, 곧이어 1948년 9월 9일 북위 삼십팔도선 이북에는 조선 민주주의 인민 공화국이 수립되었어.

그리고 그 이듬해인 1949년 6월 26일 한낮, 김구는 경교장 집무실에서 현역 육군 소위 안두희가 쏜 네 발의 총탄에 쓰러지고 말지. 김구 주석의 서거와 함께 대한민국 임시 정부도 그 소임을 다하고 막을 내리게 됐어.

1950년 6월 25일 한반도에는 김구의 예언대로 우리 민족사에서 가장 비극적인 한국 전쟁이 일어났지.

작가의 말

우리에겐 하나의 대한민국을
만들 권리와 의무가 있다

1948년 8월 15일 대한민국 정부가 수립되었다. 그러나 이날 수립된 대한민국 정부는 새로 세운 게 아니라 이전의 대한민국 임시 정부를 계승하고 재건한 것이다. 대한민국 정부는 「제헌 헌법」에 임시 정부를 계승, 재건했으며 임시 정부의 법통을 넘겨받은 것임을 밝히고 있다.

지금 우리가 살고 있는 나라는 대한민국이다. 1919년 3월 1일 우리는 대한의 독립을 선언하고, 그해 4월 11일 중국 상하이에서 대한민국 임시 정부를 세웠다. 그날 이후 지금까지 대한민국을 나라 이름으로 사용하고 있다.

우리나라가 한때 일제에 나라를 빼앗기고 식민지 지배를 받았지만 우리의 역사는 단절되지 않았다. 우리의 조상들은 빼앗긴 나라를 되찾고자 독립운동을 했고, 그 과정에서 우리 겨레의 역사를 자랑스럽게 발전시켰다.

대한민국 임시 정부는 오늘의 대한민국의 뿌리이자 기원이다. 현재 우리 한반도에는 휴전선을 사이에 두고 대한민국과 조선 민주주의 인민 공화국, 두 정부가 세워져 있다. 하지만 언젠가는 두 정부와 국민들을 하나로 합쳐야 할 숙명에 놓여 있다. 그 나라는 그야말로 통일된 한 나라로, 보다 크고 자랑스러운 나라가 되어야 할 것이다. 우리 모두는 그런 위대한 대한민국을 만들어 갈 권리와 의무가 있다.

대한민국 100년 2019년 4월
원주 치악산 밑 '박도글방'에서

참고도서

독립기념관 한국독립운동연구소 지음, 『대한민국 임시 정부』, 국가보훈처독립기념관, 2009. 4.

김희곤 지음, 『대한민국 임시 정부 연구』, 지식산업사, 2004. 8.

이현희 지음, 『대한민국 임시 정부의 발자취』, 국가보훈처, 1992. 4.

대한민국임시정부기념사업회. 대한민국임시정부기념관 건립추진위원회 지음, 『사진으로 보는 대한민국 임시 정부 1919~1945』, 한울, 2017. 6.

김구 지음, 도진순 주해, 『백범 일지』, 돌베개, 2005. 11.

선우진 지음, 『백범 선생과 함께한 나날들』, 푸른역사, 2009. 1.

이이화 지음, 『이이화 한국사 이야기』, 한길사, 2015. 8.

강준만 지음, 『한국 근대사 산책』, 인물과사상사, 2008. 9.

정정화 지음, 『장강일기』, 학민사, 1998. 8.

김자동 지음, 『임시 정부의 품 안에서』, 푸른역사, 2014. 11.

이봉원 지음, 『대한민국 임시 정부 바로 알기』, 정인출판사, 2010. 4.

박도 지음, 『항일 유적 답사기』, 눈빛, 2006. 11.

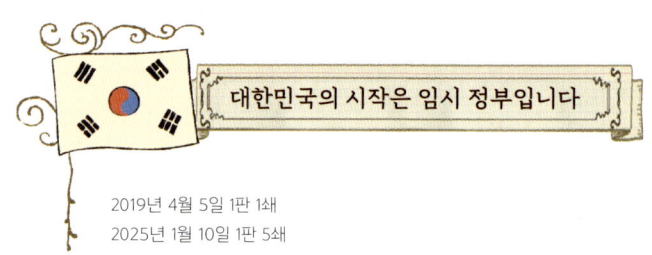

대한민국의 시작은 임시 정부입니다

2019년 4월 5일 1판 1쇄
2025년 1월 10일 1판 5쇄

글쓴이 박도 | 그린이 김소희 | 감수 장세윤

편집 최일주, 이혜정, 김인혜 | 교정 한지연 | 디자인 민트플라츠 송지연
제작 박흥기 | 마케팅 양현범, 이장열, 김지원 | 홍보 조민희 | 인쇄 코리아피앤피 | 제책 J&D바인텍

펴낸이 강맑실 | 펴낸곳 (주)사계절출판사 | 등록 제406-2003-034호
주소 (우)10881 경기도 파주시 회동길 252
전화 031)955-8588, 8558 | 전송 마케팅부 031)955-8595, 편집부 031)955-8596
홈페이지 www.sakyejul.net | 전자우편 skj@sakyejul.com
페이스북 facebook.com/sakyejulkid | 인스타그램 instagram.com/sakyejulkid

ⓒ 박도, 김소희 2019
48쪽 상하이 임시 정부 사진 ⓒ 박도

값은 뒤표지에 적혀 있습니다. 잘못 만든 책은 구입하신 서점에서 바꾸어 드립니다.
사계절출판사는 성장의 의미를 생각합니다. 사계절출판사는 독자 여러분의 의견에 늘 귀 기울이고 있습니다.
이 책은 저작권법에 따라 보호받는 저작물이므로 무단 전재와 복제를 금합니다.

979-11-6094-455-6 73910
978-89-5828-770-4(세트)